AF310193

BIBLIOTHÈQUE MILITAIRE

LA

FORTIFICATION

POLYGONALE

DE

M. LE COLONEL BRIALMONT

PAR

M. LE GÉNÉRAL TRIPIER

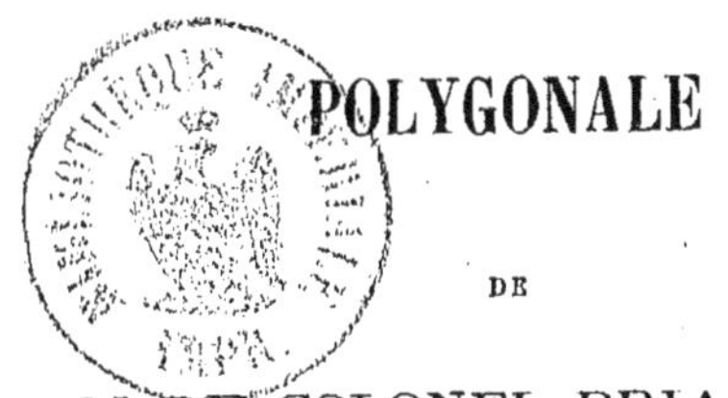

PARIS

BUREAUX DE LA REVUE MILITAIRE FRANÇAISE

11, RUE SAINT-DOMINIQUE, 11

1870

Tous droits réservés.

LA
FORTIFICATION POLYGONALE

DE

M. LE COLONEL BRIALMONT

Extrait de la Revue militaire française.

PARIS. — TYPOGRAPHIE A. HENNUYER, RUE DU BOULÉVARD, 7.

LA

FORTIFICATION POLYGONALE

DE

M. LE COLONEL BRIALMONT

PAR M. LE GÉNÉRAL TRIPIER.

———

M. Brialmont, colonel d'état-major de l'armée belge, vient de faire paraître un *Traité de fortification polygonale*, dans lequel il nous a fait l'honneur de citer plusieurs passages de notre ouvrage intitulé *la Fortification déduite de son histoire*, publié en 1866. Quoique toutes ses appréciations ne soient pas empreintes du même esprit de critique et que plusieurs même lui soient entièrement favorables, il y en a cependant quelques-unes qu'il ne nous est pas loisible de laisser passer sans opposition, malgré le désir que nous ayons de ne pas engager une trop longue polémique sur un sujet déjà si débattu.

Les deux époques de la fortification.

La fortification moderne, l'œuvre du canon, déjà vieille de plus de quatre siècles, peut se diviser en deux époques bien distinctes : l'une de son origine à la mort de Vauban, et l'autre depuis cet événement jusqu'à nos jours. Pendant la pre-

1

mière, la science s'est constituée en présence des faits, et lorsqu'à la fin de son existence il a mis au jour son dernier tracé des tours bastionnées qui en est le résumé, on pouvait la considérer comme réalisée dans ses parties les plus essentielles. Dans la seconde époque il s'est produit beaucoup de discussions stériles, dans lesquelles il y avait plus de subtilités et de passion que de vérité et de raison ; on aurait donc pu espérer que la science se serait fixée à la mort de Vauban, sauf les améliorations que devaient amener les progrès de l'artillerie, dont il avait eu, du reste, le pressentiment, et auxquelles ses dispositions se prêtent d'une manière admirable. Il n'en a pas été ainsi.

Cormontaigne.

Cormontaigne, qui s'est donné comme le continuateur du maréchal, en voulant achever sa dernière œuvre qu'il ne comprenait pas, a si bien fait, qu'il est arrivé à la dénaturer, pour revenir à l'ancien front bastionné dont Vauban s'était servi au commencement de sa carrière, parce qu'il ne se considérait pas encore assez autorisé pour apporter de trop fortes modifications aux tracés alors en usage. Or s'il l'avait abandonné, il n'était guère possible de le taxer de légèreté, car personne n'en avait fait de plus nombreuses et de plus intelligentes applications, il en savait le fort et le faible, il en a consciencieusement tiré tout le parti désirable ; on ne pouvait l'ignorer, on l'en a assez loué. Mais ce à quoi l'on ne devait guère s'attendre, c'est qu'on l'ait accusé des défauts d'un système, qu'il avait lui-même signalés en en adoptant un autre.

Il y a là un fait tout particulier, le nom de Vauban a été, en tout lieu et en tout temps, un des plus honorés et en même temps des plus attaqués et souvent par ses admirateurs, mais jamais l'opinion n'a pris part à des critiques irréfléchies et où perçait la plus grande ignorance ; on pressentait que le jour ne s'était pas encore fait sur ses œuvres, et c'est effectivement ce qui devient de plus en plus évident chaque année ; sa pensée a eu des interprètes sans doute bien intentionnés, mais mal inspirés, qui ne l'ont pas comprise ou qui l'ont exagérée et qui mettaient leurs actes sous son égide ; que n'a-t-on pas mis sous son nom ?

On a cru défendre Cormontaigne en objectant que les livres de Vauban lui étaient peu connus et que ce qui l'était le plus était son front bastionné, mais il aurait dû faire le même raisonnement que nous qui est bien simple, il n'est pas le seul qui se soit laissé prendre au piége, mais il en a été le plus puni, parce qu'il était le plus en évidence ; on ne lui a pas pardonné la joie enfantine qu'il a montrée de donner une leçon au maître. Il n'est pas le plus coupable, car au fond il avait conscience de la faiblesse de son œuvre ; elle n'aurait pas fait école et n'aurait, par conséquent, pas été en butte à tant de violences, si Fourcroy n'était pas venu s'y implanter d'une manière si absolue qu'il l'a fait à la fin du siècle passé ; il n'en a pas été du reste le paisible possesseur, il s'est trouvé en présence d'un rude adversaire qui a violemment attaqué l'école qu'il cherchait à former.

Montalembert.

Cet adversaire était le général de Montalembert, de la cavalerie, un hardi novateur qui a paru à la même époque.

Il s'était passionné pour la fortification et il s'y est dévoué de corps et d'âme. Du dernier tracé de Vauban il n'était plus guère question : depuis lui, l'artillerie avait fait des progrès successifs d'une certaine importance ; il s'était formé en Allemagne une école, dont on fait remonter l'origine beaucoup plus haut, qui avait pour but de développer les feux de la défense et les abris sur la fortification, pour mettre le personnel et le matériel de combat à couvert de ceux de l'attaque. On reprochait à la fortification de Cormontaigne, qui représentait celle de l'école française, de manquer à ces conditions, reproche qu'elle ne repoussait pas et que même elle cherchait à justifier ; de là ces interminables discussions qui durent encore.

Le front bastionné, le front tenaillé et le front de la défense du milieu.

Le front bastionné était l'expression de l'école française et le front tenaillé celle de l'école allemande ; toute fortification, à toute époque, a eu deux espèces de coups, les coups de flanc pour la défense de près et les coups de face pour la défense de loin et aussi pour la défense de près.

Le front bastionné remplit les deux conditions. Le front tenaillé n'en remplit qu'une. Rimpler, qui passe avec quelque raison pour le fondateur de l'école allemande, le comprit, et de deux fronts tenaillés il en fit un, que l'on a appelé le *front de la défense du milieu*, c'est au moins ce que l'on paraît pouvoir conclure de son ouvrage, qui n'avait pas de figures et qui, Dieu merci, a encore donné lieu à bien des interprétations. L'angle flanqué B avait au moins 60 degrés et l'angle flanquant A généralement 90 degrés. Tels sont les trois types sur lesquels ont roulé toutes les discussions du siècle dernier.

Au premier type, au front bastionné, aux grands bastions, offrant une forte saillie sur l'enceinte, on faisait le reproche de porter trop en avant un large espace en prise de tous côtés au feu de l'attaque, exposant surtout les flancs à être pris de revers par le ricochet des faces.

Le second, le front tenaillé, avait aussi les mêmes défauts, à un moindre degré cependant ; mais les côtés de la tenaille, qui n'étaient rien autre chose que de grands flancs, étaient beaucoup plus en prise aux feux d'enfilade, au ricochet, et leurs fossés surtout, qui se prolongeaient dans la campagne vers les attaques sur une grande longueur, étaient entièrement enfilés par leurs coups qui venaient annihiler la défense que leur donnait une partie de la face voisine.

Le troisième front, celui de la défense du milieu, avait les mêmes défauts que le précédent ; dans sa saillie centrale ABA, ses deux côtés AC destinés aux feux de face étaient trop inclinés, plus que les faces du front bastionné, dont les lignes AC, qui lui sont parallèles, indiquent les directions, beaucoup plus que sa courtine qui, il est vrai, était masquée par la demi-lune, inséparable alors de tout front bastionné. Ainsi donc, abstraction faite de la demi-lune, le front bastionné était le mieux disposé pour les feux de face.

Toutes ces vérités, aucune des deux écoles ne les ignorait, elles se les étaient assez souvent dites réciproquement avec dureté ; mais elles ne se corrigeaient pas, elles étaient plus occupées à se justifier qu'à s'amender. Ce n'était pas le moyen de s'entendre ; elles se sont cependant quelquefois

fait des concessions ; ainsi Lansberg, officier général alle-
mand justement apprécié, était arrivé, par des considérations
successives, à transformer le front tenaillé en front bastionné, et Lachiche, ingénieur français, ainsi que plusieurs
autres, allongeaient les flancs du front bastionné pour les
rapprocher de la tenaille. Tout cela était un tissu de contradictions ; on allongeait les flancs du front bastionné de Cormontaigne que l'on trouvait déjà trop grands ; il est vrai que
l'on comptait sur les casemates d'escarpe : par ce moyen on
croyait pouvoir faire des flancs aussi grands que possible,
comme ceux de la tenaille.

Front de Filley.

On se préoccupait surtout beaucoup du front de la défense
du milieu ; le réduit de la demi-lune paraissait déjà remplir
cette intention en partie. Vauban en avait donné l'exemple
en y mettant des flancs pour protéger les deux bastions latéraux. Filley avait rattaché ce réduit à la courtine pour en
faire un bastion central, de sorte que son nouveau front se
composait de deux fronts bastionnés, au lieu de deux
fronts tenaillés comme l'avait indiqué Rimpler ; la demi-
lune qui couvrait le réduit couvrait encore le bastion du milieu.

Tel était à peu près l'état des choses, lorsque les écrits
de Montalembert parurent ; il avait été en Allemagne s'in-
spirer des doctrines de son école, il avait aussi été en
Suède, il avait surtout beaucoup vanté les tours oblon-
gues casematées avancées dans la mer qui défendaient
les côtes, il les avait considérées comme des vaisseaux de

pierre faisant feu de tous côtés ; il prit la résolution d'en faire l'application à la fortification de terre.

Front polygonal de Montalembert.

Il se déclara partisan du front tenaillé (fig. 1), qu'il appela *fortification perpendiculaire*, et du front de la défense du milieu de Rimpler (fig. 3), qu'il a modifié de la manière suivante : il implante son vaisseau de pierre GHIJK au milieu du côté AF d'un polygone quelconque formant l'enceinte d'une place ; les côtés AG, KF sont les lignes de défense ; il en résulte un front qu'il appelle *front polygonal*, qui paraît être maintenant la seule expression de l'école allemande, le front tenaillé étant abandonné, comme nous l'assure M. le colonel Brialmont.

Pour mieux se conformer à l'idée du vaisseau de pierre de Montalembert, on l'a isolé du corps de place en le rentrant, et l'on a obtenu en même temps un meilleur flanquement pour le saillant I de cet ouvrage auquel l'auteur donne le nom de *caponnière*.

Lorsque Montalembert eut mis au jour son front polygonal, il était bien convaincu qu'il avait anéanti le front bastionné, beaucoup d'autres l'ont cru sur sa parole jusqu'à nos jours.

Le front polygonal se compose de deux fronts bastionnés.

Dans notre ouvrage *la Fortification déduite de son histoire*, de 1866, nous avons établi, au contraire, que ce front se composait de deux fronts bastionnés. Voici le passage que M. le colonel Brialmont cite et combat : « Le front bastionné

« est une forme que l'on n'a pas faite à plaisir, qui s'est faite
« d'elle-même par la force des choses, qui s'impose et qui
« s'est imposée à Montalembert comme à tout le monde; tout
« front polygonal (fig. 5) n'est rien autre chose que la réunion
« de deux fronts bastionnés ABCGHI, IJKDEF, dont les cour-
« tines CG, KD sont très-petites, parce que les fossés sont
« flanqués par des galeries, dont les feux sont peu élevés au-
« dessus de leur fond. On se demande ce qu'il a gagné à
« rapetisser ses fronts bastionnés. En donnant 300 mètres
« de longueur à ses lignes de défense et 50 mètres de lar-
« geur à sa caponnière, il a (fig. 5) un front polygonal AF
« de 650 mètres de longueur seulement. Si ces fronts eussent
« été entiers (fig. 6) ; s'il eût mis sa caponnière en capitale l,
« formant la grande traverse de Choumara, pour couvrir les
« flancs GH et JK des coups de revers ; s'il eût casematé ces
« flancs eux-mêmes pour les garantir des feux d'enfilade et
« de ricochet,... il eût obtenu dans toutes les conditions dé-
« sirables un front polygonal de 800 mètres de longueur.
« Que deviennent dès lors toutes ces critiques contre le croi-
« sement des feux dans le front bastionné ? »

Voici la réponse de M. le colonel Brialmont :

« Il nous sera facile de prouver que ces arguments sont
« plus spécieux que vrais.

§ 1. « Si le front bastionné n'avait d'autre défaut que
« celui résultant du croisement des feux, on pourrait ad-
« mettre que les fronts fig. 6 soient préférables aux fronts
« fig. 5, à la condition cependant que l'on construise en I
« une haute traverse dont les feux casematés battent les
« fossés des faces AB et EF.

§ 2. « Mais ce défaut est un des moins graves ; il disparaît
« même quand le flanquement repose sur le tir à mitraille,
« comme cela doit être.

§ 3. « Le principal avantage des fronts fig. 5, c'est que
« toutes les lignes du corps de place, à l'exception des flancs
« BC et DE se confondant avec le côté extérieur, offrent le
« maximum de garantie contre le ricochet, tandis que les
« fronts fig. 6 n'assurent cette propriété qu'aux faces AB et
« EF. La longueur totale de ces faces n'excède pas 270 mè-
« tres, tandis que celle des parties non ricochées du front
« polygonal est de 570 mètres.

§ 4. « Il est vrai que le général Tripier, pour soustraire
« les faces HI et JK, propose de construire en capitale du bas-
« tion GIK une caponnière haute casematée ; mais, par l'ad-
« dition de cet ouvrage, le tracé bastionné est transformé
« en un mauvais tracé polygonal ; nous disons *mauvais*,
« 1° parce qu'une caponnière haute, située au milieu du bas-
« tion, flanque moins bien le fossé capital qu'une capon-
« nière basse dont l'étage casematé est au niveau du plafond,
« et 2° parce que cette caponnière est insuffisante pour pré-
« server de l'enfilade les extrémités des faces et surtout les
« courtines CG et KD.

§ 5. « Nous ferons remarquer au surplus que le général
« Tripier s'occupe seulement du tracé des fronts fig. 5 et
« fig. 6 et qu'il passe très-habilement sous silence le relief,
« qui joue cependant un rôle important dans la fortification.

§ 6. « A ne considérer que le tracé, on peut sans doute
« soutenir que la caponnière GHIJK (fig. 5) est un petit bas-
« tion, mais la comparaison cesse d'être vraie lorsque l'on fait

« attention au relief de cet ouvrage, qui doit être réglé de
« façon à ne pas intercepter les feux de la courtine CD.

§ 7. « Dans le tracé bastionné, au contraire (fig. 6), le bas-
« tion GIK doit être au même niveau que les courtines ; de
« sorte qu'on ne pourrait pas réunir les points C et D par
« une ligne non ricochable ayant la même action sur le ter-
« rain des attaques que la courtine CD du front polygonal.

§ 8. « Il n'est donc pas vrai que ce dernier soit un com-
« posé de deux fronts bastionnés. »

Le croisement des coups dans la défense de flanc est vieux
comme le monde.

Nous allons examiner les objections de M. Brialmont paragraphe par paragraphe. Le premier commence ainsi : « Si le
« front bastionné n'avait d'autre défaut que celui résultant du
« croisement des feux... » Mais, monsieur le colonel, encore
une fois ce n'est pas un défaut, vous n'y avez pas fait attention. Le croisement des feux et des traits dans la défense de
flanc est vieux comme le monde. S'il y avait eu une époque
où l'on pût s'en passer, c'eût été dans l'antiquité et au
moyen âge, avant l'invention de la poudre, où la tour avait
sa défense en elle-même par la projection du haut de son
parapet de corps pesants et de matières de toute espèce,
pour garantir le pied de son mur de toute atteinte de l'ennemi ; le machicoulis avait pour but de mettre à couvert le
défenseur dans cet acte de lutte. On a construit certainement
un grand nombre de tours isolées dans la campagne, mais il
est bien rare que l'on n'en ait attaché qu'une seule à tout
côté de polygone d'enceinte ; il y en avait presque toujours

deux au moins, et surtout aux saillants. On comprenait donc
la nécessité de les défendre et de les surveiller l'une par
l'autre ; un grand nombre d'auteurs anciens en font foi, et
c'est réellement dans la nature des choses ; or cette défense
ne pouvait s'obtenir que par le croisement des traits.

Si cette nécessité du croisement des traits n'a pas entraîné
avec elle, pour les tours, le besoin de la forme angulaire, c'est
qu'il y avait d'autres exigences plus impérieuses à satisfaire ;
on les faisait carrées pour faciliter la projection verticale du
haut du parapet, ou rondes pour mieux résister au bélier ;
elles n'avaient pas un diamètre assez fort pour s'inquiéter de
l'angle mort qui pouvait se former à leur saillant et les armes
de jet n'avaient pas assez de puissance de destruction pour
que l'on pût tout leur sacrifier.

Dans l'antiquité les grosses machines de jet ayant un tir
de plein fouet, le croisement des coups avait plus d'étendue,
les tours étaient plus éloignées les unes des autres. Dans le
moyen âge elles étaient plus rapprochées, les grosses machines de jet, y compris le canon, tant que le boulet fut en
pierre, n'avaient plus qu'un tir courbe, en bombe ; la défense
de flanc se faisait par de petites armes qui avaient une faible
portée. Aussi la défense du pied du mur pendant le qua-
torzième et le quinzième siècle, vers la fin de la fortification
ancienne, se faisait presque entièrement par le machicoulis,
par la projection verticale ; le croisement des coups avait
presque disparu, il est revenu vers le milieu du quinzième
siècle, avec le boulet en fer qui rétablit le tir de plein fouet.

Dès ce moment, le boulet en métal fit de terribles ravages
dans les maçonneries des enceintes ; en présence d'une si-

tuation aussi critique, on n'eut d'abord d'autre ressource
que d'approfondir les fossés ; et comme on ne pouvait plus
en atteindre le fond du haut des remparts, avec le tir de
plein fouet, ces remparts étaient promptement détruits. La
défense de flanc, trop exposée, fut mise à l'abri au fond de
ces fossés et organisée au moyen de galeries crénelées, en
communication avec la place par un bout et s'appuyant à la
contrescarpe de l'autre ; on ne fut pas long à s'apercevoir
que l'ennemi pouvait y pénétrer de ce côté, on les détacha
de la contrescarpe et on finit par leur donner la forme angulaire et les faire flanquer les unes par les autres; c'étaient
les caponnati des Italiens, que les Français appelèrent *moi-
neaux*, à cause de leur forme en pointe ; c'est le premier spé-
cimen de la caponnière de Montalembert, et ce qu'il y a de
plus curieux, le retour au croisement des coups.

M. Promis, architecte piémontais, a fait paraître il y a quelques années l'ouvrage excessivement intéressant de San
Francesco Georgio Mortini, qui traite de la fortification de la
fin du quinzième siècle; la forme tenaillée y est présentée dans
un grand nombre de combinaisons, l'angle mort rentrant est
vu par des machicoulis, il y a des tours aux rentrants et aux
saillants. C'est un mélange des formes de la fortification ancienne et moderne, c'est là où se trouvent les caponnati qui
se flanquent réciproquement, c'est le croisement des feux
horizontal, mais ce n'est pas le croisement à toutes les hau-
teurs de l'escarpe, ce n'est pas encore le front bastionné
complet.

Albert Dürer, peintre et graveur célèbre d'Allemagne, était
aussi, comme tous les artistes à cette époque, architecte,

ingénieur civil et militaire ; il a écrit sur la fortification au commencement du seizième siècle, son dernier ouvrage est de 1527 ; il était partisan des grosses tours ou boulevards ayant toutes leurs défenses en eux-mêmes. Celui de Schaffhausen en est le type le plus complet ; il était tout en maçonnerie très-épaisse pour résister au canon, le pied du mur était défendu par des machicoulis et surveillé par de petites tours en encorbellement, les détails en étaient excessivement soignés ; c'est une réminiscence de la fortification des derniers temps du moyen âge, dont les formes pittoresques avaient beaucoup d'attrait pour les artistes ; ils leur sacrifiaient facilement les lois de la fortification moderne, qui à cette époque étaient seulement en germe.

On construisait d'autres boulevards, à cette époque, en Allemagne, dans le même ordre d'idées ; la différence est qu'ils étaient surmontés de hauts parapets en terre et que l'on avait beaucoup abaissé les maçonneries de l'escarpe, pour les couvrir par la contrescarpe ; c'était déjà un progrès. Mortini, quoique du siècle précédent, était plus avancé.

Ces ouvrages renfermant toutes leurs défenses en eux-mêmes semblent être l'idée mère du tracé polygonal, mais la différence est grande, la défense par la projection verticale n'est plus possible, il n'y a là qu'une fiction.

Les Italiens allaient chercher leurs traditions plutôt dans l'antiquité que dans le moyen âge, parce qu'elles étaient plus vivantes sous leurs yeux, et que, comme nous l'avons déjà fait observer, les grosses machines de jet ayant un tir de plein fouet avaient dû avoir une certaine influence sur la disposition des enceintes. On savait par les auteurs anciens

que la distance entre les tours était déterminée par leur
portée ; enfin le croisement des coups était aussi beaucoup
plus évident pour eux : ils étaient mieux disposés pour l'organisation du front bastionné.

Le bastion existait déjà : San Micheli en fit plusieurs en
1525, à Vérone, que le front bastionné n'était pas encore complétement constitué. Pour les Italiens, le bastion n'était rien
autre chose que la tour de l'antiquité avec ses deux flancs,
auxquels on avait ajouté une saillie angulaire. Par analogie,
ils crurent devoir les mettre d'abord à la distance AB de
la portée de canon des uns et des autres, à peu près à 5 ou
600 mètres.

La face du bastion fut d'abord flanquée du point C de la
courtine, puis du cavalier D et enfin du bastion E de son milieu. On n'obtint un flanquement que l'on put regarder
comme complet, c'est-à-dire sans angle mort, que lorsque
l'on fut arrivé à la disposition EF, où le flanquement se fait
tout entier par les flancs ; disposition définitive du front bastionné, qui eut lieu vers la moitié du seizième siècle. Et que
l'on veuille bien faire la remarque que le bastion du milieu E
n'avait pas le même but de défense que la caponnière de
Montalembert, mais celui de diminuer les lignes de défense
trop longues pour la vue ; ce sont les ingénieurs allemands
chargés de l'exécution des projets des Italiens à Anvers qui
en firent les premiers l'observation.

Dès ce moment, les machicoulis, les caponnières, etc.,
disparurent successivement ; les premiers ne pouvaient plus
résister au canon ; on reprochait aux secondes de n'avoir
qu'une faible action sur le fond du fossé ; avec le moindre

parapet on se dérobait à leurs feux et il était facile de boucher leurs embrasures.

Tout cela se trouve dans notre ouvrage, *la Fortification déduite de son histoire*, non pas dans le but, comme ici, de mettre en évidence le croisement des traits et des feux dans la défense de flanc. Nous n'avions pas cru qu'il fût nécessaire d'entrer dans tant de détails pour prouver une chose aussi simple ; de sorte qu'il serait nécessaire, peut-être, pour éviter toute ambiguïté, à la place de *front bastionné* de dire *front à feux croisés,* qui est plus générique, car il y a plus de variété dans la forme et les dimensions des bastions que dans le croisement des feux, qui est presque toujours le même.

**Le croisement des feux, suivant Montalembert, neutralise une partie
de la longueur des lignes de défense.**

Montalembert reproche au croisement des feux de neutraliser une partie de la longueur des lignes de défense ; il met dos à dos (fig. 5) deux flancs et deux lignes de défense HGA et JKF, et forme, selon lui, un seul front, son front polygonal. Pour que les coups partant des flancs HG et JK battent bien le fossé, il faut les tenir au niveau de leur fond, et les faces HI et JI qui les flanquent, on ne peut plus défendre le pied de leurs murs par la projection verticale, les machicoulis, il faut donc les voir par des flancs BC et DE. Voilà donc le croisement des feux, ici comme partout ailleurs ; et relevez un peu les flancs, ce qui est nécessaire, vous avez deux fronts bastionnés, et Montalembert et son école ne s'en sont pas aperçus.

Faiblesse des flancs du front bastionné.

Après le croisement des feux, M. Brialmont s'attaque aux flancs des fronts bastionnés.

« La situation précaire des flancs des bastions a tellement « affaibli la confiance de quelques ingénieurs dans l'efficacité « du flanquement, qu'ils ont été amenés à soutenir avec Car- « not que le flanquement n'est pas une condition essentielle « de la fortification. Le célèbre ingénieur citait à l'appui de « son opinion le passage suivant de Bousmord :

« A peine s'aperçoit-on du feu de flanc pendant le passage « du fossé ; on est bien plus occupé des grenades qu'on re- « çoit du haut de la brèche et des parties de la face encore « debout de part et d'autre. »

« Montalembert était arrivé à la même conclusion. Les pa- « rapets des flancs, dit-il, sont bientôt presque entièrement « détruits par les batteries de l'assiégeant ; la défense qu'ils « donnent ne peut être qu'une défense de mousqueterie qui « n'est nullement en état d'arrêter les progrès des travaux « de siége. Quant au passage du fossé, l'expérience prouve « que les feux dont les flancs sont capables ne produisent « nul effet. »

Eh bien, que veut-on prouver par là, qu'il ne faut plus de flancs ? Et ces messieurs leur ont donné un excès de lon- gueur dans leurs tracés, pour se rapprocher de la tenaille. Tout le monde connaît les défauts des flancs, faut-il pour cela les abandonner ? Non, certainement ; c'est un point sur lequel il y a unanimité. C'est donc à leur amélioration qu'il faut viser ; c'est ce que l'on a parfaitement compris à la fin du siècle dernier, au milieu de toutes ces discussions d'où il était si difficile de démêler l'ivraie du bon grain. On s'est beaucoup préoccupé de la solution de la casemate, de l'abri de combat du canon.

Montalembert a beaucoup fait pour les abris voûtés.

On ne peut nier que Montalembert ait été pour beaucoup dans ce mouvement qui s'est produit en faveur des abris voûtés. Il avait été frappé de leur utilité dans son voyage en Suède, comme Vauban, un siècle avant, dans une tournée dans les Alpes. Le maréchal avait fait une très-vive critique des bastions avec simples parapets dans lesquels on était vu et dominé de tous côtés, et d'escarpes entièrement décou- vertes que l'on pouvait battre en brèche de loin ; c'est dans les montagnes où ces inconvénients sont sensibles et où l'on reconnaît la nécessité des casemates. Vauban avait été à même d'y apprécier la valeur des grosses tours à plusieurs étages de voûtes, construites à l'origine de l'art moderne, lorsque l'on s'était vu obligé de baisser, d'élargir et d'épaissir les tours élevées et légères de l'art du moyen âge, pour y placer le canon et résister à ses effets ; c'est de ce moment que lui est venu l'idée de son dernier tracé.

Vauban était aussi partisan des abris voûtés que Montalembert, mais plus, un homme pratique.

On a souvent dit que Vauban n'était pas partisan des abris voûtés ; maintenant que ses ouvrages sont mieux connus, on ne peut méconnaître qu'au contraire il ne les ait préconisés.

En présence des progrès du tir en bombe, il recommandait avec instance de se couvrir et de se terrer ; ce mot *se terrer* a son importance. Il n'avait pas la même confiance, en homme pratique, que Montalembert dans la maçonnerie ; il en avait plus dans la terre et il était dans le vrai ; on le voit au soin qu'il a mis à couvrir sa tour bastionnée, et certainement ce n'était pas sa pensée que d'annihiler son action extérieure, mais les moyens d'exécution lui manquaient. On ne connaissait pas encore les casemates à la Haxo, qui sont de notre siècle ; il payait à contre-cœur le tribut à son époque qu'il a si souvent devancé.

Montalembert, partisan des feux de flanc élevés,
a raison sur M. Brialmont qui les repousse.

Montalembert, plus aventureux, n'a pas craint de placer les feux élevés de flanc donnant sur la campagne sous des casemates entièrement en maçonnerie. Pour se justifier, il prétendait écraser l'ennemi par la supériorité de ses coups avant de l'être. Nous ne croyons pas que cette dernière prétention ait jamais eu beaucoup d'approbateurs ; mais quant à la première, celle d'avoir aux flancs des feux dominant les dehors que blâme M. Brialmont, nous ne saurions trop la soutenir, dussions-nous encourir les mêmes sévérités. Les feux de flancs n'ont pas seulement pour but de battre les fossés, mais aussi les chemins couverts et les glacis, et le plus loin possible dans la campagne ; ils ont une bien plus grande action sur ce terrain que les feux de face. Il n'y a que les feux élevés qui puissent bien remplir cette fonction, les feux bas sont principalement destinés aux angles morts que présentent les tenailles et les dispositions rentrées de M. Brialmont ; au loin ils produisent peu d'effet, ils valent mieux avec la mitraille, et encore il faut que ce soit dans des fossés à hautes escarpes et contrescarpes en maçonnerie qui, avec le fond du fossé, obligent les projectiles à se concentrer ; avec des talus en terre ils fuient de tous côtés. Nous en parlons *de visu*.

Montalembert l'avait bien compris. Mais, dira-t-on, il ne s'est pas aperçu qu'il compromettait son front polygonal, puisque, avec une caponnière élevée, et par conséquent les masses couvrant en avant, élevées aussi, le côté du polygone en arrière est masqué en grande partie, ce qui produit le même effet que la demi-lune sur la courtine du front bastionné ; mais il ne s'est pas aperçu non plus que ce front polygonal représentait deux fronts bastionnés, ce qui prouve que cette disposition n'a pas toutes les vertus qu'on a bien voulu lui donner.

Avant le boulet cylindro-conique, la casemate Haxo avec tête
était une solution.

Après Vauban les dispositions générales de la fortification étaient fixées, il était bien difficile de vouloir faire du nouveau sans retomber dans le vieux. Il reste maintenant des détails de la plus haute importance à perfectionner qui ne sont pas sans présenter de grandes difficultés. Avant les derniers progrès de l'artillerie, on pouvait considérer la casemate Haxo, couverte en tête par des pièces de bois, comme suffisante pour l'abri de combat du canon. Au siége de la citadelle d'Anvers, en 1832, il s'est conservé à l'angle d'épaule d'un flanc, malgré le feu de l'attaque, le blindage en bois d'une pièce, jusqu'au moment du passage du fossé, qui en aurait augmenté beaucoup les difficultés si la place ne s'était rendue. Avec quelques améliorations, ces enveloppes eussent été une solution.

Maintenant le bois est insuffisant, il faut le fer.
Système de l'auteur du mélange des terres et du fer.

Mais depuis les choses ont bien changé ; avec le boulet cylindro-conique, le bois est bien vite détruit, on ne peut plus guère espérer pouvoir garantir les têtes de casemates que par l'emploi du fer ; on a déjà fait beaucoup d'essais, on n'a encore rien trouvé de bien satisfaisant. Nous avons proposé l'emploi de couches de terre maintenues horizontalement et verticalement par des plaques de tôle ; ce serait un moyen facile à mettre en place au moment du besoin et qui serait relativement économique : nous attendons que l'on veuille bien en faire l'expérience.

La force de la défense repose sur la réunion de solides abris
pour le canon et de puissantes batteries.

Quel que soit le procédé auquel on s'arrête, la défense ne pouvant avoir la prétention d'opposer une résistance indéfinie, tout ce que l'on doit demander au masque qui couvre la tête des casemates, c'est qu'il ait assez de force pour que, joint à la supériorité du calibre, il fasse équilibre pendant un certain temps voulu, qui dépend des événements de la guerre, aux feux de l'attaque, qui, elle, peut avoir la supériorité du nombre et plus difficilement celle du calibre et qui ne peut pas organiser ses batteries d'une manière aussi solide que la défense.

Les feux exécutés derrière des masses couvrantes sans voir le terrain en avant ont moins de sûreté que lorsqu'on le voit directement et qu'on le domine.

Quelques personnes pensent que c'est se donner trop de peine que de se soumettre à tant d'exigences, qu'avec la portée et la précision du tir actuel, il suffit de se mettre derrière une masse couvrante naturelle ou artificielle quelconque et tirer par-dessus pour atteindre les batteries de l'attaque; que c'est on ne peut plus simple. Mais est-ce que par hasard on aurait la prétention d'atteindre ces batteries sans qu'elles puissent rendre coup pour coup? Et comme celles de la défense seraient entièrement à découvert, que l'attaque ayant la supériorité du nombre et une plus grande facilité de locomotion, les batteries de la défense seraient promptement écrasées sans pouvoir opposer une grande résistance.

L'avantage de la défense est de pouvoir commencer le feu derrière des abris qui assurent sa conservation assez de temps pour qu'elle ait la chance d'éteindre celui de l'ennemi, bien moins garanti; pour qu'elle tire tout le fruit possible de cet avantage, il faut qu'elle le suive dans ses mouvements et le frappe avec résolution là où il paraît vouloir prendre position; le pourrait-elle si elle était obligée d'attendre les indications d'observateurs placés au loin? Il faut que ses batteries aient directement la vue sur le terrain extérieur, c'est le problème au moins qu'il faut chercher à résoudre. Les artilleurs regardent depuis longtemps comme un très-grand avantage, non-seulement d'avoir la vue sur le terrain extérieur, mais encore librement sur le plus grand espace possible, afin de pouvoir donner au tir toute l'activité dont il est susceptible ; c'est la raison pour laquelle ils se sont montrés de plus en plus partisans du tir à barbette et adversaires du tir à embrasure, qui restreint beaucoup trop le champ de l'œil.

Inconvénients de l'emploi du fer.

On s'est effrayé, il faut le dire, non sans raison, des inconvénients que présente l'emploi du fer pour les masques destinés à couvrir la tête des casemates ; il est très-coûteux, la pose de toute la masse n'est pas sans présenter des difficultés, et une fois en place il faut l'entretenir, on n'a pas les moyens de la marine, et cependant si on ne met pas tous les soins nécessaires à sa conservation, un masque composé de tant d'éléments différents doit se détériorer vite et peut très-bien, au moment du besoin, n'être pas susceptible de rendre les services que l'on se croit en devoir d'en attendre.

L'emploi du fer est devenu une nécessité, mais laisse encore beaucoup à désirer.

Nous ne voulons certainement pas discréditer cet emploi du fer, car nous ne croyons pas qu'on puisse l'éviter ; mais dans l'état de la question, lorsqu'on va au fond des choses, on n'est pas étonné de l'hésitation que l'on met à en faire l'application. On se trouve dans la même situation qu'à la fin du siècle passé et on rentre dans le même ordre d'idées. L'opinion se prononçait alors de plus en plus, chaque jour,

en faveur des abris voûtés, tant préconisés par Montalembert,
mais on lui déniait complétement la valeur de ses masques
en maçonnerie ; on cherchait d'autres dispositions, les uns
proposaient le bois, d'autres des masses couvrantes déta-
chées à quelques mètres en avant, soit en terre au-dessus
desquelles on tirait, soit en voûtes à travers lesquelles le tir
s'effectuait. On cherchait aussi à dérober les pièces en se
servant du recul, soit pour les faire descendre au-dessous
du plan des crêtes, soit pour les faire descendre plus bas
encore, au moyen de contre-poids, dans des voûtes infé-
rieures où elles étaient complétement à l'abri. Mondar qui
résume tous ces moyens dans son excellent ouvrage, après
les avoir discutés avec beaucoup de discernement pour l'époque, finit par conclure, par la force des choses, en faveur
de l'emploi du fer. C'était une chose énorme pour le temps
qui allait même au delà de ses besoins.

**La fortification de terre n'est pas dans les mêmes conditions que la marine
pour l'emploi du fer.**

Nous partageons complétement cette manière de voir ; le
fer est devenu une nécessité, et tous les autres moyens ne
sont que des palliatifs, dont le retour prouve que la question
n'est pas encore résolue, au moins pour la fortification. Pour
la marine, c'est différent, les conditions ne sont plus les
mêmes. La marine transporte facilement les plus lourds far-
deaux ; le remplacement des pièces avariées, l'entretien de
ses masses de fer n'ont rien d'insolite pour elle, son outillage
est toujours prêt à remplir des obligations qui lui sont jour-
nalières. Les luttes qu'elle a à soutenir ne sont pas d'aussi

longue durée que celles d'un siége, et, si elle a à faire à de
plus gros calibres, il suffit que la coque de ses navires puisse
supporter leurs premiers efforts pour lui donner la victoire ;
une fois hors de combat, ils succombent ou se retirent. Ils
ne sont pas exposés pendant des jours et même des mois,
comme les batteries de terre, à des séries successives de
chocs qui porteraient la dislocation à ses dernières limites
dans leurs membrures ; enfin des corps flottants supportent
mieux les vibrations produites par des coups venant de l'extérieur que des corps fixés au sol.

Les bordages des vaisseaux et les masques des batteries sont composés de
plaques ou barres de fer à la surface et soutenus et reliés en arrière par
une masse d'appui composée de fer et bois.

Malgré les progrès de la métallurgie, il est des dimensions
en longueur, largeur et épaisseur que les plaques de fer ne
peuvent pas dépasser pour que la matière ait toute la pureté
et l'homogénéité que l'on peut obtenir dans l'état actuel de la
science ; on les réunit ou on les soutient par d'épais bordages ou masses d'appui en fer et bois pour former la coque
des vaisseaux et les masques des batteries blindées. On a
fait, en Angleterre, de nombreuses expériences pour connaître la mesure de la résistance qu'offrent ces boucliers sous
l'action des plus forts calibres; elles constatent la nécessité de
constituer de plus en plus solidement la masse d'appui. Les
plaques de fer sont là pour supporter les premiers efforts
des projectiles dans leur pénétration, et la masse d'appui
pour les arrêter à la fin de leur course.

Ce que l'on a trouvé de mieux pour la masse d'appui a

été de la composer de couches de poutres de fer creux remplies de pièces de bois de chêne ou de teck se croisant les
unes sur les autres. Pour les batteries de terre on en a mis
trois, et les progrès de l'artillerie allant toujours en croissant,
on craint d'être obligé d'en augmenter le nombre.

Essais faits à l'étranger.

M. Brialmont nous fait connaître dans son second volume que « le gouvernment anglais a voulu savoir si l'on ne
« pourrait pas obtenir un meilleur résultat, au point de vue
« de la résistance et du prix, » en remplaçant le bois par le
ciment de fer et le béton ou en formant la masse d'appui de
ces deux matières : les expériences n'ont pas été favorables à
ce procédé ; la pénétration des projectiles a été beaucoup
plus profonde. M. Brialmont ajoute : « On ne peut pas tirer
« des indications absolues de tous ces coups, parce que les
« pénétrations deviennent de plus en plus grandes, lorsque
« les coups antérieurs ont fendu ou écrasé en partie le béton.

« Les Russes ont essayé une cible composée de plaques
« boulonnées contre des blocs en fonte de 2 pieds d'épais-
« seur. Ces blocs ont été brisés de même que les blocs de
« granit, quand il n'y avait pas derrière les plaques des pou-
« tres en bois séparées par des cornières. La figure 11
« (pl. XXII de son ouvrage) représente un bouclier (avec
« pièces de bois), que les projectiles de 11 pouces ont percé,
« mais sans briser les blocs de fonte; toutefois, malgré les
« matelas de bois et de fer interposés entre les plaques et
« les blocs, ceux-ci ont été brisés après qu'on eut remplacé
« la plaque unique de 5 pouces et demi par cinq plaques

« ayant la même épaisseur totale (expérience qui confirme
« ce que nous avons dit plus haut de l'infériorité des pla-
« ques minces, réunies au moyen de boulons ou de rivets).

« Le colonel Inglis, qui a une grande expérience en ces
« matières, est d'avis qu'à poids égal de fer on obtient un
« résultat plus avantageux avec une plaque de fer de 8 pou-
« ces et une contre-plaque de 2 pouces, boulonnées sur la
« maçonnerie, qu'avec une plaque de 6 pouces, des appuis
« creux de 7 pouces et une contre-plaque de 2 pouces. La
« meilleure combinaison pour garantir la maçonnerie serait,
« selon lui, une plaque de fer appuyée à une couche de bé-
« ton de fer de 1 pied environ d'épaisseur.

« Le colonel Jervais, qui a pris une si grande part à l'exé-
« cution des travaux de défense de l'Angleterre, est d'avis
« qu'on obtiendrait un bon résultat en composant les cui-
« rasses de batteries de côte de trois plaques de 5 pouces,
« séparées par des couches de ciment de fer ayant 8 pouces
« d'épaisseur entre les deux plaques extérieures et 2 pouces
« seulement entre la deuxième et la troisième.

« Un bouclier de ce genre a été essayé tout récemment et
« a donné de bons résultats, sans qu'on puisse affirmer tou-
« tefois qu'il ait une supériorité marquée sur le cuirassement
« du fort Breakwater.

« Le ciment de fer, fréquemment employé en Angleterre,
« et qui possède des propriétés remarquables, se compose
« de 100 livres de rognures de fonte, 42 de bitume, 42 d'as-
« phalte et de 7 livres de goudron de la Trinité. Dans les
« ouvrages permanents, la substitution du ciment de fer au
« bois offre un très-grand avantage, ce ciment passant pour

« inaltérable, et son prix de revient en Angleterre n'étant que
« de 11 centimes par kilogramme. Toutefois l'on n'a pas
« encore recueilli des données suffisantes pour apprécier
« avec certitude la durée de cette composition. »

Observations sur le phénomène de la pénétration des projectiles.

Les différentes expériences faites en Angleterre sur cette
question sont certainement très-intéressantes, mais elles
manquent de suite, comme le fait observer M. Brialmont,
et aussi un peu de l'entente du phénomène. Tout projectile
qui pénètre dans une masse métallique produit plusieurs
effets qu'il importe de bien préciser : tant qu'il conserve assez
de vitesse, il entraîne avec lui une partie de matière, sans
que le mouvement se transmette latéralement au milieu dans
lequel il se trouve et cela, de différentes manières, suivant
la forme du projectile. Le projectile sphérique, jusqu'au moment où sa pénétration arrive au grand cercle, repousse en
arrière du métal qui forme un bourrelet au bord de sa trouée ;
il se produit quelque chose de semblable avec le projectile
cylindro-conique tant que la partie conique s'enfonce, moins
prononcé cependant à cause de son mouvement de rotation :
arrivé à la partie cylindrique, il entraîne tout avec lui, de
même que le boulet cylindrique à tête plate, ou boulet em-
porte-pièce, avec lequel le métal est plus nettement coupé.

Dans ce trajet, le projectile use vite sa force par la résistance moléculaire à l'entraînement et à la compression, et
aussi, sans aucun doute, par le frottement ; la résistance à la
compression est d'autant plus grande que la masse du métal
est plus considérable, et quand elle n'a qu'une épaisseur

voulue; il lui faut une masse d'appui qui ait aussi de la résistance à la compression.

Il y a un moment où la vitesse du projectile n'est plus
assez grande pour établir dans le métal une solution de
continuité, sans que son mouvement ne se propage dans la
masse, ce qui a lieu généralement, lorsqu'il approche de la
fin de sa course ; il se produit alors des vibrations qui font
naître des fissures d'autant plus prononcées que le métal est
plus limité ou est moins contenu dans tous les sens ; la masse
d'appui agit contre ces effets destructeurs par sa résistance
à l'extension.

Le ciment de fer, le béton, la fonte.

La masse d'appui composée de couches de poutres de fer
creux remplies de bois se croisant les unes sur les autres est
celle qui remplit le mieux ces deux conditions, mais aussi
elle est la plus susceptible de se disloquer par des vibrations
souvent répétées et par suite des intempéries de l'air.

La masse d'appui dans laquelle le ciment de fer joue le
principal rôle a les qualités et les défauts opposés : elle ne
présente pas assez de résistance ni à la compression ni à
l'extension ; voilà pourquoi avec elle les pénétrations sont
plus grandes ; mais elle résiste aux effets délétères de l'at-
mosphère et étouffe les vibrations.

La fonte présente de la résistance à la compression, mais
pas assez à l'extension ; le béton ne présente ni l'une ni l'autre d'une manière assez prononcée. Personne plus que nous
n'a préconisé l'emploi du béton Coignet pour les construc-
tions militaires, pour les voûtes à l'épreuve, à cause de son
homogénéité, de sa compression et de la possibilité de le

rendre étanche, à condition cependant d'être recouvert d'un matelas de terre ; mais nous n'avons jamais songé à lui faire supporter directement le choc des projectiles, même en y mettant du fer.

L'amplitude du mouvement moléculaire étant beaucoup plus forte dans le métal que dans le béton, elle finirait par y dominer et le désagréger aux points de contact : l'expérience est d'accord avec la théorie à ce sujet ; il n'est même pas facile de rattacher les plaques de fer à la maçonnerie, et au moins ce n'est pas en y scellant leurs boulons, comme l'indiquent quelques dessins de l'atlas de M. Brialmont : il y aurait bien vite un ébranlement général. Par la même raison nous ne pouvons nous montrer partisan des propositions de M. le colonel espagnol Rodriguez de Quijano, de cuirasser les batteries avec des blocs de béton conglomère de Coignet de 2 mètres d'épaisseur, dans lesquels on incrusterait des lames de fer.

Nous avons recherché, avec le plus grand soin, le moyen de donner aux maçonneries et aux bétons la plus grande consistance possible, et nous devons reconnaître qu'ils restent toujours dans la catégorie des corps cassants, à fibres courtes, c'est-à-dire n'ayant pas une résistance moléculaire très-grande à l'extension ; voilà pourquoi les projectiles, surtout les projectiles cylindro-coniques explosibles, y feront toujours de très-grands ravages par des destructions internes. Aussi nous ne comprenons pas très-bien ce que veut dire M. Brialmont (p. 222, vol. 1), que les murs isolés à la Carnot ont à craindre les vibrations du sol ; ce sont leurs propres vibrations dont ils ont le plus à craindre au choc des projectiles, ils n'ont à craindre les vibrations du sol que dans le cas des tremblements de terre ou des explosions de mines. Nous croyons avoir donné sur cette question toutes les explications nécessaires, dans nos antécédents ouvrages, nous n'y reviendrons pas.

Casemate blindée en fer de M. le capitaine Schumann
du corps du génie prussien.

M. Brialmont nous fait connaître (p. 284, vol. II) que M. le capitaine Schumann, du génie prussien, a construit à Mayence une casemate blindée en fer qui n'a coûté que 21 750 francs et qui a très-bien supporté les expériences. Nous ferons observer que le masque ne couvre que le vide de la casemate ; c'est une idée qui a été bien souvent présentée depuis longtemps et dont les expériences de l'île d'Aix ont fait voir tous les inconvénients : les pieds de vis sont très-vite détruits, même avec un merlon en terre ; à Mayence on n'a tiré que sur le masque en fer. Il faut que ce masque s'étende sur toute la tête de la casemate, mais alors elle coûterait plus de 21 750 francs.

Propositions de l'auteur pour l'organisation des parapets en|terre en général
et des casemates dans lesquelles entre le fer.

Après avoir examiné avec attention tout ce qui a été dit et fait sur les casemates blindées en fer, il ne nous a pas paru que l'on fût dans une bonne voie ; nous en avons cherché une autre, que nous avons exposée dans notre premier ouvrage sur la fortification de 1866 et dans plusieurs articles.

Nous avons d'abord cherché à nous rendre compte de la disposition la plus convenable à toute batterie en terre, car il n'y a que la terre et surtout le sable qui résistent au canon sans ruines irréparables : il brise les autres corps au point de les rendre impropres au service ; et comme le sable est trop mobile pour être facilement contenu, on admet l'emploi d'une terre sablonneuse, c'est-à-dire de sable dans lequel il se trouve une faible dissolution argileuse, juste suffisante pour lui donner de la consistance, en lui conservant la propriété qu'il a de pouvoir supporter les plus fortes pressions sans changer de volume d'une manière sensible.

Il y a deux tirs : le tir à barbette et le tir à embrasure, aussi anciens l'un que l'autre ; le chevalier de Deville préférait le premier, parce que l'on tirait plus librement ; la genouillère était basse, elle était la même que celle du tir à embrasure ; mais l'inconvénient n'était pas grand alors : le tir du canon était de plein fouet et très-tendu, et la fortification avait un grand relief ; cependant l'attaque, à l'instar de l'antiquité et du moyen âge, avait conservé encore assez longtemps des batteries élevées, les Turcs en avaient au siége de Candie pour plonger dans l'intérieur des ouvrages ; c'est la cause des plaintes de Rimpler sur le manque d'abris dans la fortification bastionnée.

L'embrasure.

L'emploi dans l'attaque des batteries élevées entraînait celui des embrasures dans la défense ; conservées même après l'abandon de ces batteries difficiles à construire et peu solides, parce que beaucoup de places étaient dominées par le terrain extérieur, et enfin à cause du ricochet, qui, s'il n'a pas toujours été exécuté dans sa pureté primitive, a répandu néanmoins l'usage des feux d'écharpe et d'enfilade. On se sert encore maintenant des embrasures, parce qu'en résumé on n'a encore rien de mieux que leurs merlons : pour couvrir chaque pièce des feux de côté, on ne peut pas mettre une traverse entre chacune d'elles, elles exigeraient beaucoup trop de place.

Les embrasures sont l'objet de très-vives critiques : leurs merlons se déforment très-vite aux angles intérieurs, de sorte que leur bouche s'agrandit beaucoup ; et comme les genouillères sont basses, les servants des pièces sont découverts et la fusillade les décime ; puis leur champ de tir est trop restreint, on ne voit rien et on tire mal, et enfin elles présentent un point de mire à l'ennemi.

La barbette.

Vallière, au commencement du siècle passé, connaissait déjà tous ces défauts ; il pensait qu'il fallait revenir au tir à barbette en élevant la genouillère de manière à couvrir les canonniers, mais pour cela il fallait un affût nouveau, un affût élevé. Gribeauval fut l'exécuteur de cette pensée ; son affût a été longtemps en usage ; on l'a allégé, mais le principe est resté à fort peu de chose près le même. Le tir à barbette est exclusivement employé en France à la défense des côtes ; on se sert du même affût pour la défense des places, mais avec une embrasure peu profonde.

Le retour au tir à barbette a été regardé avec raison comme un progrès réel ; il n'est pas cependant arrivé à son dernier degré de perfection : on s'en est bien vite aperçu dans la dernière guerre d'Amérique. Les amiraux Porter et Ferragus ne lui ont pas épargné les critiques. Leurs feux d'écharpe jetaient la mort et la destruction dans les batteries de côte qui leur étaient opposées; les traverses, loin de remédier à cet état de choses, ne faisaient que l'empirer; les projectiles en s'y enfonçant produisaient un grand désordre par leur explosion. Aussi concluent-ils à l'emploi presque exclusif des tourelles en fer pour la défense des côtes; elles présentent certainement de grands avantages, mais elles sont très-coûteuses, et nous ne croyons pas que les choses soient arrivées au point où l'on se trouve obligé d'abandonner nos excellentes batteries en terre; au contraire, seulement il faut les mieux disposer.

Avec la précision du tir et les feux plongeants des batteries actuelles, on doit user de tous les moyens de garantir leur personnel, et disposer le matériel de manière à ce que, si on ne peut pas le couvrir entièrement, au moins que ce soit dans ses parties les plus vulnérables, et en tout cas que l'on puisse en rechanger toutes les parties aussi facilement que possible. Nous regardons le chargement par la culasse comme une nécessité pour tout tir derrière une masse couvrante; nous avons indiqué dans notre ouvrage le moyen de mieux couvrir qu'on ne le fait les servants, dans le cas du chargement par la bouche.

Améliorations à apporter au parapet destiné au tir à barbette.

Le vide derrière le parapet d'une batterie doit être réduit à ce qui est juste nécessaire, ICH, pour le mouvement de chaque pièce; le reste doit être plein ou renfermer des abris pour les hommes et des petits magasins à poudre. Vauban a préconisé ces abris avec instance, et la dernière

guerre d'Amérique a fait voir combien ils étaient utiles ; on
ne peut pas mieux les placer.

Le terre-plein de ce vide doit être incliné en arrière et
assez bas au-dessous de la trajectoire des projectiles ennemis passant par la crête intérieure pour que les canonniers
n'en aient rien à craindre ; la hauteur de 2^m,50 à 3 mètres
pour le parapet a paru suffisante jusqu'à présent ; la plate-
forme sur laquelle se fait la manœuvre des pièces se trouvera
au-dessous de la crête intérieure de la hauteur de l'affût, et
on y montera par des gradins.

L'affût.

Les affûts élevés n'ont pas rempli tout à fait le but que
Gribeauval s'en était proposé ; le sien, quoique plus lourd,
valait peut-être mieux que celui qu'on lui a substitué : il
avait plus de stabilité. Nous sommes de l'avis de Vauban et
de tous ceux qui ont de l'expérience ; il faut revenir à l'affût
bas, facile à construire et à réparer. Que deviendraient ces
beaux affûts si compliqués et si chers que l'on invente chaque jour, si un projectile venait à tomber dessus ? Nous n'en
exceptons pas celui du capitaine Moncrieff : tout ingénieux
qu'il est, il ne descend pas assez bas pour être garanti des feux
de l'ennemi.

De trois choses : de la pièce, de l'affût et de la plate-
forme, ce qu'il y a de moins vulnérable, c'est la pièce et la
plate-forme, et ce qui l'est le plus, c'est l'affût ; si l'affût est
bas et facile à réparer sur place, la perte n'est pas grande ;
la pièce ne tombant pas de haut, on la remet aisément en
place ; mais alors il faut élever la plate-forme ; ce n'est réel-

lement pas une difficulté : on pourrait lui faire un noyau en maçonnerie dans lequel serait scellée la cheville ouvrière, que l'on devrait chercher à disposer de manière que par sa force et son élasticité elle pût atténuer l'effet du recul ; ce noyau serait enveloppé de terre et les gradins seraient en fascinage.

On pourrait encore faire une plate-forme creuse qui serait un abri pour les servants, d'où ils pourraient charger la pièce. Il n'y aurait alors d'exposé que le pointeur; mais il l'est dans tous les cas, et, comme nous l'avons déjà fait observer, il peut se couvrir de la pièce ; cet inconvénient existe du reste pour tous les systèmes, quels qu'ils soient. Si l'on veut bien faire attention à ce que coûtent les affûts actuels et les plates-formes, on verra que la disposition que nous proposons serait économique, et l'on n'aurait pas les arsenaux encombrés d'un matériel que l'on n'est pas toujours certain d'utiliser. Que de déchets il y a dans les emmagasinements !

Les merlons-traverses.

Nous mettons sur les traverses ABIJ, EFGH des merlons qui auront l'avantage de relever les coups directement ou par réflexion ; ils ne sont pas assez élevés pour que les projectiles puissent s'y enfoncer profondément. Les expériences de l'île d'Aix, comme celles de Brasschaet, qui se trouvent à la fin du second volume de M. Brialmont, indiquent ce relèvement pour les projectiles cylindro-coniques.

Les parties intérieures BI et EH fuient les coups de l'extérieur ; elles ne commencent à être réellement bien vulnérables que lorsque leur direction K fait 45 degrés avec elles, c'est-à-dire lorsque ces coups sont d'enfilade ; mais alors il faut blinder les pièces, il n'y a pas d'autre moyen de les garantir ; qui dit *blindage* dit *un masque en fer*. La chose devient sérieuse, nous allons nous en occuper plus loin.

Cette disposition a tous les avantages du tir à barbette et du tir à embrasure et n'en a pas les inconvénients ; chaque pièce a sa traverse et le parapet est renforcé, de sorte que l'on peut éviter de l'épaissir ; on peut y faire de la manière la plus convenable toute espèce d'abri. M. Brialmont paraît assez disposé à l'adopter ; avec 6 mètres de distance entre chaque pièce, il trouve nos merlons trop faibles ; qu'à cela ne tienne, on peut augmenter cette distance, pas trop cependant, car il est très-important de pouvoir disposer de faces dans un moment voulu.

Blindage en terre et fer.

Après avoir établi dans toute sa rationalité la disposition du parapet pour la défense des places et des côtes, il nous est facile de passer au blindage ; il nous suffit de mettre sur les traverses I et H, parfaitement disposées pour devenir des pieds-droits, une carapace en fer ICH qui soit moulée sur les mouvements que font les pièces dans leur plan de tir horizontal et dans tous leurs plans de tir verticaux, et d'envelopper de terre sablonneuse cette carapace sur tout son pourtour ; et comme cette terre pourrait être dispersée par l'explosion des projectiles, nous la renfermons, après l'avoir fortement comprimée, dans une espèce de casier de tôle. Voilà en peu de mots le procédé que nous avons déjà développé dans nos précédents ouvrages pour blinder les pièces, que nous regardons comme de beaucoup supérieur à tout ce qui a été proposé jusqu'à présent, tant sous le point de vue de l'économie que sous le point de vue de la solidité et de la convenance.

Il n'y a que la partie en fer BE, la bouche, qui soit exposée directement à la destruction des feux de l'ennemi, et sa forme annulaire et sphérique lui donne une bien autre force que celle qui se trouve percée dans une plaque plane. A partir du point B jusqu'en N, le fer va en diminuant d'épaisseur, puisqu'il est couvert; au lieu que le masque, dans les blindages ordinaires, conserve toute la sienne de B en J. On nous accordera sans doute qu'il y aura économie de métal; lors même qu'il n'en serait pas ainsi, les plaques se conserveraient mieux et ne seraient pas trouées sur toute leur surface; en d'autres termes, notre blindage serait encore en bon état lorsque l'autre serait hors de service.

Voici surtout ce qui nous a frappé : ce sont les trouées que les projectiles se font dans le métal, qui, dans un temps très-court, doivent amener sa ruine. Les expériences de polygone n'ont généralement pas assez de durée et de suite ; on se contente facilement. Il y aura bien des déceptions dans la pratique, surtout dans la défense des places, qui, comme nous l'avons déjà fait observer, n'est pas dans les mêmes conditions que la défense des côtes et surtout que les combats de vaisseaux.

Il y aura économie de fer sur les plafonds, quoique notre champ de tir soit de 90 degrés; la masse d'appui, les arcs-boutants ne sont pas nécessaires : notre système se tient parfaitement de lui-même et s'applique facilement contre les maçonneries LMN des voûtes sans attaches; il y aura donc économie et économie notable qui se reportera sur l'enveloppe des terres.

Lors des expériences de la casemate du capitaine Schumann, à Mayence, on reconnut « que les terres provenant « des merlons et qui souvent obstruent l'embrasure (l'embra- « sure ordinaire) ne peuvent être dispersées au moyen des « quelques coups à blanc tirés de l'intérieur de la casemate. « Il en reste toujours assez pour gêner le pointage et pro- « voquer l'explosion prématurée des obus à fusée percu- « tante. »

Depuis le boulet cylindro-conique explosible, la projection des terres et de tous les matériaux, les vibrations, etc., sont bien plus prononcées : c'est un fait observé dans la dernière guerre d'Amérique et partout où il a été tiré. On est amené naturellement à rechercher le moyen de contenir les terres et de mieux relier les autres corps. Dans les expériences de l'île d'Aix, on a, d'après nos indications, rattaché les pièces de bois des blindages les unes aux autres avec des bandes de fer plat; ils ont présenté bien plus de résistance.

Nous avons suffisamment expliqué dans nos autres écrits que le meilleur moyen de contenir les terres était de les renfermer dans un système de plaques minces de fer, horizontales et verticales; les plaques intérieures n'ont pas besoin d'une forte épaisseur; les plaques extérieures devront être un peu renforcées, pas assez cependant pour empêcher la pénétration des projectiles : on sait avec quelle facilité des troncs-coniques dévient. Si on trouve les merlons trop petits, on peut les augmenter et les aplatir en avant.

C'est surtout sur l'épaisseur du métal et sur la distance des plaques que l'expérience aura à se prononcer; nous la désirons conduite avec ordre et suite et non à bâtons rompus; elle ne peut nous manquer, lorsque l'on aura compris, nous n'en avons aucun souci.

On peut avoir pour le canon de la défense des abris de combat qui lui permettent de lutter ouvertement avec celui de l'attaque.

Nous avons interrompu un instant les explications que nous avons données sur le croisement des coups dans la défense de flanc avec les armes à feu pour examiner la question des abris de combat du canon; ces deux questions sont intimement liées, parce qu'il ne s'agit pas seulement d'avoir des canons, mais il faut encore pouvoir s'en servir. Lorsqu'on est attaché au sol avec un matériel déterminé, que l'on ne peut pas, comme sur le champ de bataille, augmenter ou déplacer à de grandes distances, il faut aviser aux moyens de conservation qui sont un des principaux éléments de succès; nous sommes persuadé, d'après ce que nous avons dit, que l'on peut avoir pour le canon de la défense des abris de combat qui lui permettent de lutter ouvertement avec celui de l'attaque.

Continuation de la question du croisement des feux de flanc.

Nous allons reprendre la question, si contestée et si peu contestable, du croisement des coups dans la défense de flanc avec les armes à feu et chercher à la résumer.

Dans tout front simple de la fortification moderne, qu'il s'agisse du front tenaillé élémentaire ou du front bastionné plus complet, il y a croisement de feux, qu'ils soient dans le même plan ou dans des plans différents, qui neutralise une partie de la longueur des lignes de défense. Le front polygonal de Montalembert, comme celui de Rimpler, est d'un ordre composite, si l'on peut s'exprimer ainsi ; il est formé de deux fronts bastionnés, comme le second de deux fronts tenaillés ; c'est ce que nous ne croyons pas que l'on puisse nier ; il est vrai qu'en fortification, comme en bien des choses, avec le ciel il y a des accommodements.

. M. Brialmont critique le front (fig. 6) qui, sur son atlas, est la figure 4, que nous avons tiré du front polygonal. Nous n'en voulons nullement réclamer la paternité ; si nous faisions un front composé de deux autres, nous mettrions les saillants sur une ligne droite et même légèrement concave ; notre intention n'a été que de mettre en évidence ce qu'est le front polygonal en réalité.

Feux de flanc.

Dans le front tenaillé, les feux de flanc sont bas, un peu au-dessus du fond du fossé ; dans le front bastionné ils sont élevés au-dessus de l'escarpe et dominants. M. Brialmont trouve le tir rasant excellent au-dessus du fond du fossé comme feu de flanc, et très-mauvais sur les glacis comme feu de face. Il trouve excellent les feux dominants de face sur les glacis et mauvais comme feu de flanc sur les fossés.

Voilà des contradictions pour les besoins de la cause. Nous nous prononçons entièrement en faveur des feux dominants, aussi bien sur les flancs que sur les faces. Cormontaigne lui-même, qu'on regarde comme le père de la fortification rasante, s'excusait d'être obligé de subir ses exigences, ou plutôt celles des ingénieurs qui, après Vauban, montraient pour elle un engouement, comme pour beaucoup d'autres choses, que le maître n'eût pas approuvé.

Feux de flanc élevés.

Les hauts feux de flanc sont d'un ancien et constant usage, ils sont indispensables pour enfiler ou prendre d'écharpe les tranchées de l'ennemi sur les glacis et le chemin couvert. Et maintenant que les crêtes des glacis sont très-élevées pour couvrir les maçonneries du corps de place, de manière à ce qu'elles ne puissent porter atteinte par le tir plongeant du boulet cylindro-conique, les feux de flanc ont besoin, eux aussi, d'être très-élevés. On leur reproche d'être trop exposés aux coups d'enfilade et de revers, mais aussi nous croyons qu'il faut les blinder et que notre système a assez de solidité pour leur conserver toute la puissance d'action nécessaire jusqu'à la fin du siége.

Escarpes des flancs.

Les escarpes des flancs, lorsqu'elles sont en maçonnerie, sont aussi très-exposées à être ruinées par les coups qui enfilent les fossés qu'ils défendent; c'est un inconvénient commun à tous les flancs, moindre pour le fossé du corps de place du front polygonal et du front bastionné lorsque les flancs sont petits, ils les atteignent néanmoins par ricochet, très-grave pour les fossés de la caponnière et de la demi-lune.

Vauban couvrait les flancs de ses premiers tracés par une

tenaille qui a été conservée par l'école française de Cormontaigne. On a reproché à cette disposition de créer entre la tenaille et les flancs de petits fossés privés de feux. Ce qu'il y a de particulier, ce sont les partisans de l'école allemande qui ont le plus outré ce reproche, eux qui ont fait un usage immodéré des feux bas, des feux d'escarpes. Quoi qu'il en soit, la tenaille ne couvre pas encore tout à fait les flancs ; avec le tir plongeant actuel, des coups qui enfileraient les faces et même les prendraient d'écharpe, en tombant dans le fossé entre elle et la courtine, viendraient atteindre la partie des flancs qu'elle ne garantit pas. Vauban, en détachant ses bastions et en en faisant une masse couvrante avec sa tenaille, a ouvert un fossé qui expose à peu près la moitié de cette même partie de flanc entre la tenaille et la courtine aux feux extérieurs. Il est vrai que ce fossé a peu de largeur, que les flancs sont petits et que sa direction ne s'éloigne pas beaucoup de celle du côté extérieur du front, ou, si l'on veut, du côté du polygone qui forme l'enceinte de la place ; enfin les tours bastionnés ne sont pas sans leur donner quelque abri ; aussi on peut dire, sans craindre de se tromper, que ce soit encore les petits flancs du dernier tracé de Vauban qui sont les mieux couverts, mais ils ne le sont pas entièrement.

Quant aux flancs du front polygonal, il est bien évident que ceux qui défendent le corps de place formé par le polygone lui-même, lorsque les fossés n'ont pas une trop grande largeur et qu'ils sont revêtus, ont le moins à craindre des coups extérieurs ; mais lorsqu'ils sont aussi larges que ceux de M. Brialmont et que les escarpes et contrescarpes sont à terre coulante, il n'en est plus de même ; les feux qui les menacent pénètrent obliquement dans le fossé, malgré tous les efforts que l'on peut faire pour les couvrir par la masse couvrante de la caponnière. Les flancs ou parties de fortification qui défendent les fossés de la caponnière se présentent en plein aux coups de la campagne, tout comme ceux de la demi-lune, qui depuis longtemps font le désespoir des ingénieurs ; que de tentatives infructueuses n'a-t-on pas fait pour les couvrir !

Les moyens de couvrir les flancs sont les mêmes pour tous les systèmes.

Ainsi donc, tous les flancs, à quelque système qu'ils appartiennent, sont dans les mêmes conditions, à fort peu de chose près ; les moyens de les garantir sont aussi les mêmes. On a d'abord cherché à les garantir de côté, par des orillons plus ou moins volumineux, tout comme M. Brialmont pour sa caponnière, mais ce système a été abandonné, comme empêchant leurs feux d'avoir une action latérale, qui, comme nous l'avons déjà dit, est de la plus grande importance, et que l'on ne peut pas sacrifier légèrement. Il est bien reconnu maintenant qu'il faut que les flancs voient largement tout le terrain en avant des saillants, surtout avec des escarpes et des contrescarpes à terre coulante.

On est donc amené tout naturellement à couvrir les escarpes des flancs par des masses couvrantes qui leur soient spéciales, ou à construire ces escarpes avec assez de solidité pour qu'elles puissent résister directement au canon. Le premier procédé n'est pas sans inconvénient pour le front bastionné, parce qu'il faut faire dans la courtine une trouée pour y loger cette masse couvrante, si l'on veut qu'elle rem-

plisse les conditions de son existence. Nous reconnaissons
que la grande trouée que l'on a faite dans le corps de place
du tracé polygonal pour isoler la caponnière et mettre tous
les accessoires qui se trouvent à sa gorge rend cette tâche
plus facile.

Ce que l'on pourrait faire, ce serait de donner à l'escarpe
des flancs peu de hauteur au-dessus du fond du fossé ; sa
masse couvrante n'en prendrait pas assez de celle de la courtine pour porter atteinte à la sécurité de l'enceinte. On ferait
en outre un fossé au pied de cette escarpe, pour en augmenter la force ; elle serait surmontée d'un haut parapet à
terre coulante. On pourrait dans cette masse couvrante
mettre des feux bas casematés, comme l'indique M. Brialmont sur quelques points de ses projets.

Les feux bas de flanc.

Les feux bas rasants de flanc ont été successivement aban-
donnés et repris ; on en a fait un grand usage dès l'origine
de la fortification moderne, parce qu'ils sont couverts latéralement par la contrescarpe ; c'est leur principal mérite,
mais leur action à une certaine distance a toujours été considérée comme très-faible ; ils en ont fort peu sur la brèche :
on s'en garantit avec le moindre abri. Quelques ingénieurs,
dans l'intérêt de leurs systèmes, leur ont trouvé des qualités
que la pratique leur dénie. Ils sont bons pour les coins sans
flanquement, pour les fossés des tenailles, ceux des masses
couvrantes qui ne sont pas vus du haut du corps de place ;
mais quant à baser sur eux tout un système de défense de
flanc, nous ne croyons pas que l'on puisse l'admettre. Il ne

faut pas trop les multiplier, ils sont compromettants pour la
sécurité du corps de place ; des embrasures peu élevées au-
dessus du fond du fossé sont toujours des portes ouvertes à
l'ennemi qui exigent une grande surveillance.

M. Brialmont se croit suffisamment garanti par un large
fossé plein d'eau. Certainement une grande enceinte en-
tourée de forts détachés n'a pas beaucoup à craindre des
attaques régulières ; cependant par le fait qu'elle est grande,
sa garde est plus difficile ; il faut qu'elle inspire de la confiance à tout le monde, il lui faut plutôt deux clôtures qu'une,
une à la contrescarpe et une autre à l'escarpe, susceptibles
d'empêcher des tentatives hasardeuses, sans doute, mais qui
peuvent jeter un grand trouble dans les esprits. Que l'on
demande aux Russes ce que leur a coûté en hommes et en
munitions la surveillance de la faible enceinte de Sébastopol.

Il ne faut pas oublier qu'une large nappe d'eau a besoin
en son milieu d'une estacade en bois ou d'un bourrelet en
terre pour arrêter les barques ; et enfin, lorsque les feux bas
sont dans une escarpe en maçonnerie, il faut griller les embrasures ; et lorsqu'ils sont dans une masse couvrante, ou
une masse quelconque à talus, on doit les isoler de l'enceinte ou des ouvrages en arrière qui doivent avoir une
clôture.

Nous ne repoussons nullement les feux bas de fossé : d'a-
bord nous ne repoussons absolument rien systématiquement,
nous prenons de chaque chose ce qu'il peut y avoir de bon
et de pratique ; ces feux ont plus d'action sur les nappes
d'eau, comme surveillance, que sur le sol, parce que les barques sont plus fragiles que le moindre abri que l'on puisse

faire en terre. Néanmoins nous insistons pour que ces feux soient organisés de manière à ne donner aucun sujet de craintes de surprises. Quant aux clôtures d'escarpes et de contrescarpes, nous comprenons qu'on ne les fasse pas en maçonnerie, par économie; mais au moins il faut les faire en haies, en palissades naturelles, comme nous l'avons indiqué dans notre premier ouvrage; c'est à nos yeux de la plus haute importance. M. Brialmont dans ses *Etudes* avait d'abord condamné les palissades, il y revient maintenant, mais pour des cas particuliers. Pour nous, nous les recommandons d'une manière générale ; un bon palissadement de chemin couvert est une grande cause de tranquillité, même avec une mauvaise enceinte. Il faut avoir été bloqué pour savoir quel rôle joue le moral ; on l'oublie trop souvent.

Masse couvrante métallique à mettre en avant des escarpes pour les garantir.

En présence des difficultés que l'on rencontre à couvrir les escarpes des flancs par les moyens ordinaires, on a songé au fer ; si l'on pouvait organiser [une masse couvrante que l'on mettrait au moment du besoin sur les points menacés, ce serait un très-grand avantage, et, quoique coûteux, ce serait un moyen économique. Nos blocs terre et fer sont on ne peut plus aptes à remplir ce but ; on les empilerait les uns sur les autres. Nous renvoyons à nos premiers ouvrages.

Escarpe sans flanc.

Enfin quelques ingénieurs ont pensé que l'on pourrait très-bien éviter de faire les flancs sur l'escarpe, à laquelle on se contenterait de donner une forme concave continue, et, d'après le principe de Choumara, détacher le parapet, qui lui seul aurait des flancs ; mais alors le fossé ne serait pas vu au milieu. Pour nous, nous ne pouvons accepter tous ces moyens termes, nous croyons qu'il ne faut pas reculer devant les difficultés que présente l'organisation des flancs pour qu'ils aient toute leur puissance, et que nous sommes en mesure d'y faire face aussi bien pour l'escarpe que pour le parapet supérieur, dont on pourrait du reste boucher les embrasures, avec des sacs à terre reliés entre eux, jusqu'au moment d'entrer en action. Ce moyen convient surtout lorsqu'ils font avec la courtine un angle qui s'approche beaucoup de l'angle droit. Notre champ de tir étant de 90 degrés dans tous les cas, nos flancs feront un angle de 45 degrés avec la courtine et leurs feux entreront de bonne heure en action pour se mêler aux feux de face ; ils seront moins exposés aux coups de revers ; néanmoins il faudra les blinder, et alors ils auront toute la force nécessaire pour supporter longtemps la lutte. Nous pensons aussi avec Vauban qu'il faut que les flancs soient lourds et multipliés.

Le front polygonal considéré comme un grand front
couvert d'une demi-lune.

Ayant surabondamment démontré que le front polygonal se compose de deux fronts bastionnés, ou plutôt, ce qui est plus vrai, de deux parties dont la défense de flanc repose sur le croisement des feux, il s'agit maintenant de le considérer sous le point de vue d'un grand front ABCDEF couvert d'une demi-lune ; c'est une combinaison double. Nous n'avons pas dit *front bastionné*, parce que ce n'est pas dans les idées de l'école; mais en vérité qu'eût-on perdu à prolonger la face AB sur l'angle rentrant D et la face EF sur celui qui est en C? On y eût, au contraire, gagné beaucoup; quoi qu'il en soit, nous le considérons comme un front bastionné et l'examinons comme tel.

La demi-lune.

La fortification moderne s'est formée de pièces et de morceaux, s'agençant plus ou moins bien d'abord et se régularisant avec le temps ; la demi-lune est un de ces ouvrages avancés en terre et bois, établis sur la contrescarpe pour recevoir l'artillerie que l'on ne pouvait pas toujours placer sur le corps de place de l'ancienne fortification. Ces ouvrages se trouvaient le plus souvent en face des portes, et quelquefois aussi en face des tours et aux saillants sous le nom de *contre-gardes* ; on les appelait aussi *bastions détachés*. Ceux qui étaient sur les portes avaient leur rôle tout tracé ; mais pour ceux qui ne formaient qu'un système défensif, on a longtemps agité s'il ne valait pas mieux attacher les bastions à la tour en arrière, et s'il était plus avantageux d'avoir une contre-garde qu'un ravelin.

Le front bastionné est le retranchement du front tenaillé.

Avec le temps, le bastion s'est rattaché à la tour, qui est devenue son réduit; la contre-garde s'est tranformée en braie et le ravelin est resté avec le nom de *demi-lune*, même lorsqu'il a pris la forme angulaire. La demi-lune était petite d'abord; avant le ricochet, c'était un ouvrage difficile à prendre, il y avait des luttes terribles, elle donnait beaucoup de sécurité au corps de place ; et lorsque le front bastionné a été constitué et qu'elle a été établie sur son milieu, elle donnait de l'appui aux saillants des bastions, et cet appui a toujours été en augmentant avec sa saillie. Les choses en sont arrivées au point indiqué par la disposition de la figure 9. Avec un peu d'attention, il est facile de se convaincre que le front de la fortification moderne, tel que le temps l'a fait, se compose de ses deux formes élémentaires, se soutenant mutuellement ; le front AA bastionné est le retranchement de la tenaille B' qui défend les dehors.

Nous devons faire ici une remarque qui a son importance : que l'on retourne la question de toutes les façons, on ne trouvera jamais dans la fortification moderne que les deux formes élémentaires pour un front, qui ont été l'hydre de Lerne pour l'imagination des ingénieurs ; ils en ont fait un dédale de combinaisons plus extraordinaires les unes que les autres, ce qui est l'indice de leur peu d'intelligence des choses. Enfin le temps est passé, il faut espérer qu'il ne reviendra plus.

Cette disposition a été longtemps une nécessité de la défense de près : on voulait avoir beaucoup de feux de flanc, à petite distance, sur les points les plus menacés ; c'est la raison pour laquelle la forme tenaillée seule a été si longtemps en faveur auprès d'un certain nombre d'ingénieurs, à cause de sa simplicité ; mais à la pratique, on n'a pas tardé à reconnaître que les saillants, quelque bien soutenus qu'ils fussent latéralement, étaient des points d'attaque qu'il fallait aborder, et par conséquent retrancher pour que leur perte n'entraînât pas celle de la place. On aurait pu leur donner une autre tenaille ADA pour retranchement, mais des raisons de

flanquement et de vues de face extérieures ont amené forcément la forme bastionnée. Montalembert a fait un retranchement en une fortification dite perpendiculaire, un peu
hasardée, qui maintenant est à peu près oubliée.

ｉLe ricochet, les feux d'enfilade et d'écharpe, dont l'usage
se répandait de plus en plus, la fortification en ligne droite,
que Fabre a fait renaître de l'antiquité et du moyen âge au
commencement du dix-septième siècle, et que Cormontaigne
a remis en évidence un siècle après, ont affaibli avec le
temps le prestige de la tenaille et par conséquent de la demi-
lune, prestige qui s'éteint de nos jours. M. le général Noiret
dit que « la demi-lune ne doit pas être considérée comme
« une partie intégrante du front de fortification, mais seule-
« ment comme un accessoire qui peut être supprimé ou rem-
« placé par quelque autre ouvrage dans certaines circon-
« stances. »

Le front bastionné n'est pas inséparable de la demi-lune.

Nous ne repoussons pas le front tenaillé ni la demi-lune,
qui peuvent encore avoir des applications dans quelques cas
particuliers, mais nous ne considérons plus cette dernière
comme soudée au front bastionné ; or il n'est pas possible au
front polygonal d'enlever sa caponnière et ses masses couvrantes : sans elles il n'existerait plus.

Parti que l'on peut encore tirer du front tenaillé et de la demi-lune.

Le front tenaillé peut se mettre à la gorge d'un fort, mais
le nombre de ses applications est très-restreint, au lieu que
la demi-lune a encore une place très-importante dans la for-

tification : c'est un saillant retranché. On cherche maintenant
à présenter à l'ennemi sur le terrain des attaques le plus
grand front possible en ligne droite ; aux extrémités il y a
nécessairement des saillants que l'on place sur les points du
sol les plus favorables à la défense, et nous ferons observer
que ce n'est pas toujours à cause de ces positions, comme
paraissait le croire le général Prévost de Vernois, que l'on
fait de la fortification en ligne droite. Cormontaigne termine
en saillants par un bastion ; c'est une faute, il les affaiblit ;
c'est la place des demi-lunes avec des fronts bastionnés en
arrière comme retranchements.

On peut encore étendre en ligne droite un front AA (fig. 9)
par deux demi-lunes BB″ ; on suppose la demi-lune B′ enlevée ;
cette disposition est très-bonne et très-simple. On voit que
les demi-lunes bien entendues ont encore un rôle important
à jouer. Il faut que leurs longues branches soient placées de
manière à ce qu'elles ne puissent être enfilées facilement ;
c'est le cas d'un saillant établi sur une crête longue et étroite,
ayant de larges pentes des deux côtés ; les branches pro-
longées tombent dans les bas-fonds, elles ont des feux de
face sur les pentes que le front en arrière ne peut pas toujours bien saisir, et le front par ses propres feux domine
entièrement le terrain des crêtes.

Ouvrages extérieurs.

Il se présente ici un fait sur lequel il n'est pas possible de
passer sans s'arrêter : de tout temps dans l'antiquité et le
moyen âge, comme de nos temps, les enceintes ont eu des
ouvrages extérieurs du dehors pour éclairer le terrain exté-

rieur, faciliter les sorties et empêcher les abords du pied de l'escarpe ou le haut de la contrescarpe; le goût en a été poussé si loin, que Machiavel, Vauban et beaucoup d'autres bons esprits en ont fait une critique sévère, tout en reconnaissant néanmoins leur nécessité dans la limite des besoins réels. Dans cet ordre d'idées, on se demande s'il est permis de supprimer d'une manière générale la demi-lune sans la remplacer par un autre ouvrage?

Il faut se rappeler, car on l'oublie souvent, que la fortification ne s'invente pas, mais qu'elle s'explique; elle est l'ouvrage du temps et des événements dans sa marche à travers les siècles; elle peut se fourvoyer, mais les faits finissent par la ramener dans la bonne voie : son étude est presque tout entière dans celle de son histoire, et si la géométrie lui vient en aide, c'est en respectant la tradition.

Les dehors.

Lorsqu'une question se présente avec la même persistance que celle des dehors, c'est qu'elle a un fond de vrai; il ne faut pas y toucher légèrement; mais on doit étudier avec soin les modifications que de nouvelles nécessités peuvent y apporter au moment de la constitution et de la répartition des ouvrages extérieurs. On a longtemps débattu ce qui valait le mieux de la contre-garde ou de la demi-lune; alors les demi-lunes étaient très-petites. Payan, officier d'un grand mérite, se plaignait amèrement que l'on pût arriver sur la contrescarpe sans obstacle; il attribuait la faiblesse de la défense des places de son temps à ce que l'attaque établie sur la crête des glacis se trouvait en présence de l'escarpe, sans ouvrage intermédiaire ; suivant lui le moral de la garnison devait en être très-affaibli. Aussi couvre-t-il les fronts sur toute leur longueur de larges contre-gardes ou braies, flanquées par de petites demi-lunes ou redans ; cette disposition fit sensation lorsqu'elle parut ; l'idée n'était pas neuve, car depuis longtemps on enveloppait les enceintes de braies, fausses braies, etc.; mais elle recevait alors un développement qu'elle n'avait pas encore eu, ce qui était l'indice de l'importance que l'auteur y attachait.

Vauban ne se crut pas assez autorisé au commencement de sa carrière pour adopter les tracés de Payan ; mais, après une longue et riche expérience, il y revint, et avec le génie qui lui était propre d'élucider et de simplifier tout ce qui passait par ses mains, il en fit les tracés de Belfort, Landau et Neuf-Brisach, sa dernière œuvre et sa plus considérable.

Les dehors comprennent tous les ouvrages compris entre l'escarpe
et la crête des glacis.

La saillie des demi-lunes allant toujours en croissant après Vauban, on crut qu'elles seules suffisaient à remplir la fonction des dehors. Dans cet état de choses, cette question des dehors s'est posée très-naturellement ; ils comprennent tous les ouvrages qui se trouvent entre la contrescarpe et l'escarpe, ou plutôt entre la crête du chemin couvert et l'escarpe ; tout ce qui est au delà est ouvrage extérieur ; en voici la raison : on a voulu conserver au chemin couvert et à la contrescarpe, qui sont des parties des plus importantes de la défense, leur continuité dans tous leurs contours ; ainsi la disposition que proposait Bausmard, de placer la demi-lune au delà de la crête du chemin couvert pour boucher la trouée de ses fossés à travers cette crête, n'a pas été admise parce qu'il y avait solution de continuité entre la contrescarpe de cette demi-lune et celle du corps de place.

Masse couvrante de Choumara.

M. le commandant Choumara, un des écrivains militaires qui ont apporté le plus de lucidité dans les études de la fortification, explique très-bien cette distinction entre les ouvrages extérieurs et les dehors ; il a fait voir le grand rôle que la masse couvrante de Payan et surtout celle de Vauban jouaient dans ces derniers, il en a mis en évidence toutes les qualités, à l'exception d'une cependant, celle des flancs que le bastion détaché de Vauban donne au saillant de cette masse couvrante ; il a bien indiqué que l'on pouvait y mettre une lunette, mais il n'en a pas tiré un principe général de flanquement, qui était dans la pensée du maréchal et qu'il n'a pas eu le temps de développer.

Masse couvrante de Vauban.

Vauban par ses derniers tracés a posé le principe de la masse couvrante défensive et de la multiplicité des petits flancs, qui n'a pas été compris d'abord, mais dont la fécondité se montre de plus en plus chaque jour. Par sa masse couvrante qui n'est séparée de l'escarpe que par un petit fossé, il peut en couvrir les maçonneries même avec toutes les exigences du tir plongeant actuel, sans porter atteinte au fossé comme obstacle qui en avant de la masse couvrante peut avoir toute la largeur désirable ; par ce fait seul il était en avance sur son temps de près de deux siècles.

Les petits flancs multipliés de Vauban.

Les petits flancs multipliés ont l'avantage : 1° de donner pour le corps de place des fronts très-aplatis, c'est-à-dire s'approchant de la ligne droite, maintenant si préconisée ; 2° d'obliger l'ennemi à diviser ses feux ; 3° d'être plus facilement garanti des feux d'enfilade et de revers. La tour bastionnée que Vauban était obligé de cacher et qu'il montrerait avec les batteries blindées actuelles, qui n'est rien autre chose que la caponnière de Montalembert et la grande traverse casematée en capitale de Choumara, représente l'accolement de deux flancs se garantissant réciproquement des feux de face et couverts par le haut contre les feux verticaux.

L'emplacement de la tour bastionnée de Vauban est indiqué par la force des choses.

Quel que soit le saillant angulaire d'une tenaille ou d'un bastion, ils sont toujours l'un et l'autre plus ou moins enfilés et plus ou moins pris de revers des feux de la campagne ; le meilleur moyen de leur éviter cet inconvénient est d'y établir une haute traverse en capitale ; mais comme son saillant est parfaitement placé pour voir et dominer le terrain en avant, et qu'on y a toujours mis une barbette ayant action de tous les côtés, on ne pouvait pas être sans l'utiliser, sans y mettre une batterie blindée avec deux flancs formant une espèce de bastion porte-flanc, noyé dans le grand bastion pour le garantir des feux d'enfilade et de revers ; c'était une idée toute rationnelle qui devait recevoir tôt ou tard son application ; c'était la tour bastionnée de Vauban.

La masse couvrante du dernier tracé de Vauban peut par ses nombreux
feux de flanc remplacer ceux que donnent les grandes branches de la
demi-lune.

Par la même raison, on doit mettre un semblable ouvrage
ou saillant du bastion détaché du dernier tracé de Vauban,
qui par cette disposition a huit flancs par front, ce qui rend
moins sensible la suppression de la demi-lune, qui est rem-
placée d'une manière économique et avantageuse sous tous
les rapports, avec les besoins de notre temps, par la masse
couvrante qui se compose de la tenaille et des deux bastions
détachés, c'est-à-dire que les feux de face sont complète-
ment dégagés et que ceux de flanc sont aussi développés
qu'on peut le désirer; enfin ce front n'est pas plus cher que
le front de Cormontaigne sans demi-lune et avec cavalier
intérieur; il est bien entendu que c'est le front de Cormontaigne sans masse couvrante.

Le front polygonal ne peut changer ses dehors
sans porter atteinte à son existence.

Le front polygonal, comme nous venons d'en faire l'observation, ne peut pas se débarrasser des dehors de la caponnière et de la masse couvrante qui forment un saillant et
masquent le corps de place en arrière sans porter atteinte à
son existence. On aurait la ressource, il est vrai, de faire un
front bastionné qui est déjà indiqué sur le côté AF; mais
l'école allemande n'en voudrait pas entendre parler, comme
nous du reste; mais par des raisons différentes, parce que
les lignes de défense seraient trop longues; nous ne pouvons
admettre des lignes de défense de plus de 300 mètres, qui

est la grande portée de la vue ordinaire ; voilà encore une
question que l'on a embrouillée à plaisir, en attribuant la dé-
termination de cette longueur à la portée des petites armes ;
ce n'est ni raisonnable ni pratique.

La caponnière de Montalembert est plus faible que la tour bastionné de Vauban et a moins d'action.

La tour bastionnée de Vauban, comme la caponnière de
Montalembert, présente un inconvénient, c'est que la perte
d'un flanc entraîne celle de l'autre ; cette dernière est moins
en évidence, mais aussi elle a une action moins étendue et
les boulets ennemis sauront également l'atteindre, si on ne
cache pas plus sa batterie supérieure que celle de la tour
bastionnée ; comme il n'y a pas d'autres flancs que ceux de
la caponnière pour défendre le corps de place, qu'elle est
isolée et qu'il n'y a pas de raison pour qu'elle soit plus solidement construite, elle sera plus vite détruite par la con-
centration de leurs coups. Or, une fois la caponnière ouverte
sur une face, voilà tout un côté du polygone privé de défense de flanc ; il existe bien deux autres flancs sur le corps
de place qu'avec une légère modification on pourrait utiliser
pour cette défense; mais non, ils sont destinés exclusivement
à la garde du saillant de la caponnière. Si au moins à chaque
saillant du polygone il y avait un ouvrage flanquant, l'un
détruit, l'autre donnerait encore quelque défense ; mais non,
rien, absolument rien; il faut avoir une confiance bien robuste
dans l'infaillibilité de la caponnière, nous avouerons ne pas
la partager.

Nous croyons avoir développé assez longuement toutes

ces questions de fortification pour pouvoir réfuter simple-
ment ce qui reste encore sans réponse des objections de
M. Brialmont, que nous avons divisées par paragraphes.

Nous avons répondu aux deux premiers et nous répondons
encore une fois que le croisement des feux dans la défense
de flanc ne peut être un défaut, c'est un fait qui ne dépend
de la volonté de personne ; que voulez-vous, il faut bien se
résigner.

§ 3. « Le principal avantage des fronts (5), c'est que toutes
« les lignes du corps de place, à l'exception des flancs BC et
« BE, se confondent avec le côté extérieur, offrent le maxi-
« mum de garantie contre le ricochet, tandis que le front
« (fig. 6) n'assure cette propriété qu'aux faces AB et EF ;
« la longueur totale de ces faces n'excède pas 270 mètres,
« tandis que celle des parties non ricochées du front poly-
« gonal est de 570 mètres. »

Nous avons déjà dit que nous ne prenions pas sous notre
responsabilité le front de la figure 6, et qu'en le traçant nous
avions surtout pour but de bien faire voir que le front polygonal représentait deux fronts bastionnés ; nous espérons
qu'on ne nous reprochera pas de ne pas l'avoir assez souvent
répété ; il le faut bien. Si M. Brialmont le veut, nous rem-
placerons les courtines CG et DK par les courtines CG', DK
parallèles au côté du polygone. Personne ne peut nier qu'il
faut présenter les défenses d'un front suivant une ligne concave la plus aplatie possible, approchant de la ligne droite
si vous voulez, mais non pas la ligne droite qui correspond
au champ de tir de 180 mètres, qui n'existe pas avec le parapet le plus mince possible. Pourquoi M. Brialmont em-

ploie-t-il des embrasures obliques, comme si les embrasures
directes étaient déjà si solides ; il ferait mieux de courber
légèrement son front et de n'user que de ces dernières.

Cette question est en grande partie de géométrie, nous
avons cherché à la poser dans toute sa rationalité, pour tâ-
cher de mettre fin à des discussions stériles ; nous la pous-
sons aussi loin que possible, nous voulons une forme de
front qui permette de concentrer tous ses feux sur chaque
point du terrain en avant. L'école allemande est encore bien
loin de se montrer aussi large en fait de feux. Nous prenons
un champ de tir quelconque, nous lui faisons faire toutes
les évolutions dont il est susceptible ; la surface qu'il enveloppe est un cercle et la courbe qu'il parcourt à son sommet,
qui est celle que doit avoir un front, est un arc de cercle
concentrique. La surface du cercle est celle de la concen-
tration de tous les coups de face et la surface annulaire celle
de tous les coups de flanc ; on ne peut rien de plus précis,
nous en discutons tous les cas et nous arrivons à des conclusions de la plus complète exactitude.

M. Brialmont reconnaît cette exactitude, mais voici ce
qu'il nous répond :

« Aux résultats mathématiques du général Tripier, nous
« opposerons d'autres résultats qui ne sont pas moins cer-
« tains et dont nous tirerons une conclusion différente de la
« sienne.

« 1° Si l'on substitue aux arcs de cercle ABC et CDE les
« cordes AC et CE, le saillant C sera mieux protégé dans le
« tracé polygonal qui suit ces cordes qu'il ne le serait dans
« le tracé bastionné dont les lignes se confondent avec l'arc

« de cercle. La supériorité des feux de flanc appartiendra
« donc au tracé polygonal.

« 2° Sous le rapport de la protection que les feux de flanc
« procurent au saillant C, les deux tracés se trouvent dans
« les mêmes conditions, si les flancs de la caponnière ont la
« même longueur que ceux des bastions et s'ils forment le
« même angle avec la ligne flanquée. »

Nous disons que les résultats auxquels nous sommes par-
venus, qui reposent sur des considérations dont on ne peut
pas nier la réalité, prouvent que, pour que les feux de face
aient toute leur efficacité, il faut multiplier les flancs et les
faire petits, idée que les Italiens ont comprise dès l'origine, et
l'on sait que le premier jet de la pensée est toujours le meilleur. Vauban l'a aussi compris, c'est une des principales
conditions et des plus importantes de son dernier tracé. Ils
prouvent aussi que faces et flancs doivent être sur le corps
de place et que les flancs ne peuvent pas être portés en
avant. En effet, de deux choses l'une : ou la caponnière est
enterrée comme le veut M. Brialmont, et alors le flanquement est décapité ; ou elle l'élève au-dessus des ouvrages
qui la couvrent, comme le pensait Montalembert, elle masque
le corps de place en arrière, qui perd une partie de ses feux.
Il est impossible de sortir de ce dilemme.

Nous ajouterons qu'en ce qui concerne les grands flancs
du front de Cormontaigne, dont nous n'avons nullement
envie de prendre la défense, il sera toujours facile de les
couvrir par un orillon, qui est abandonné, comme M. Brialmont le fait pour ses caponnières et afin de les garantir
des feux de revers, soit par des casemates convenablement

disposées, soit par des masses couvrantes en terre. Mais, dira-t-on, et on ne l'a que trop dit, ces masses couvrantes arrêtent les projectiles, dont les éclats deviennent dangereux; c'est très-vrai : alors pourquoi l'école allemande en met-elle dans ses caponnières ? Il ne faut pas avoir deux poids et deux mesures dans les appréciations. Nous ne blâmons pas, du reste, l'emploi de ces masses couvrantes, dont il est difficile de se passer. Nous croyons devoir faire cette remarque ici, que, toutes choses égales d'ailleurs, c'est-à-dire que lorsque l'on n'a à sa disposition que l'un ou l'autre, les deux seuls flancs séparés du tracé de Cormontaigne valent mieux que les deux flancs accolés de la caponnière : au moins ils ne sont pas distincts tous les deux en même temps.

La caponnière ou le bastion porte-flanc a un rôle important à jouer, mais c'est au saillant des bastions et non au milieu d'un côté de polygone.

Il résulte de tout ceci qu'avec le tracé polygonal une partie des feux de face est sacrifiée aux feux de flancs pour qu'ils puissent produire tout leur effet, ou bien que ceux-ci sont amoindris pour que les feux de face soient complets. Ce ne sont pas les conclusions de M. Brialmont.

Nous continuons de le citer : « Rien ne prouve donc que « le tracé bastionné soit rationnel et surtout qu'il ait seul ce « caractère. Aucun ingénieur n'a soupçonné la loi des sail- « lants, et il suffit de lire l'ouvrage du général Tripier pour « être convaincu que le front bastionné a été conçu et per- « fectionné en dehors de cette idée théorique sur l'influence « des portées et du champ de tir des pièces. » C'est, comme le dit fort bien le général Mengin-Lecreux, « un tracé né du

« principe que les défenseurs d'un poste doivent éclairer fa-
« cilement jusqu'au pied des murs tous les accès par les-
« quels l'ennemi peut arriver jusqu'à eux. »

Nous craignons que M. Brialmont ne nous ait pas fait
l'honneur de bien lire notre ouvrage. Nous le répétons de
nouveau, en ce qui concerne l'agencement général de la
fortification, nous n'avons pas la prétention de faire du neuf,
mais de mieux coordonner ce qui existe et mettre chaque
chose à sa place ; toutes nos théories reposent sur des faits
pratiques que nous nous sommes donné la peine d'étudier
sans parti pris. Nous lui ferons observer que la définition
qu'il vient de citer est bien vague, elle s'applique aussi bien
à la fortification ancienne et du moyen âge qu'à la fortification moderne. Et puis il ne s'agit pas seulement d'éclairer,
mais aussi de combattre ; or il serait assez singulier que la
constitution d'un engin de guerre qui, dans ce but, est depuis si longtemps dans la main de l'homme, ne se ressente
pas de l'influence de la portée et du champ de tir des pièces,
et cela sans ordre et sans théorie.

Cette théorie, Speckle et les premiers auteurs, comme
nous l'avons fait voir, l'ont parfaitement indiquée, et on en a
eu le sentiment jusqu'au moment où l'on a abandonné le tir
à barbe, pour ne plus employer d'une manière absolue que
le tir à embrasure, c'est-à-dire jusqu'au moment où l'on a
restreint le champ de tir. A cette époque de transformation
de la fortification, beaucoup d'anciens procédés de défense
se mêlaient encore aux nouveaux imposés par les armes à
feu ; il fallait se rendre compte de la réalité des choses, l'esprit travaillait librement et n'était pas maintenu dans le cer-

cle de Popilius dans lequel l'école allemande, aussi bien que l'école française, qui ont chacune leur parti pris, souvent peu raisonné, voudrait l'enfermer.

Ainsi l'école allemande ne veut pas de croisement de feux dans la défense de flanc de la fortification moderne, ne veut pas que le front bastionné soit rationnel; tout ce que l'on pourra dire sera peine perdue. Elle ne veut pas se représenter la situation d'un homme qui, à son origine, se trouvait au haut du flanc d'une tour, n'ayant plus le machicoulis pour voir et défendre le pied du mur et tirant avec une arme nouvelle sous un angle défini ; il comprenait très-bien qu'il fallait qu'il s'en rapportât pour cette défense à son camarade qui était sur le flanc opposé, à moins de descendre dans les étages inférieurs : tout est là; niez-le, si vous le pouvez. Il serait à présumer que l'école allemande en est encore, pour l'idée mère, au machicoulis ; le difficile serait de l'accommoder au tir des armes à feu ; nous ne serions pas étonné que l'on en ait l'idée, un de ces jours, au moyen du fer, en haine du front bastionné. M. Brialmont continue : « Au surplus, « lorsqu'on discute cette fameuse théorie des saillants, on y « découvre plus de subtilités que de vérités pratiques.

« Nous pourrions nous étendre longuement sur ce point « et opposer aux figures géométriques de l'honorable géné- « ral d'autres figures qui conduiraient à une conclusion dif- « férente... »

On doit le supposer ; pour notre part, nous regrettons beaucoup que M. le colonel Brialmont n'ait pas cru devoir les mettre au jour, la chose en valait bien la peine.

Nous avons fait la remarque, qui saute aux yeux de tout le

monde, que le tracé polygonal donnait un saillant de plus sur chaque côté du polygone ; voilà ce que M. Brialmont nous oppose.

« L'auteur ne tient pas compte de la différence essentielle « qui existe entre un saillant de corps de place et un sail- « lant de demi-lune ou de ravelin. Le premier est un point « faible, parce que le terrain qui le précède est situé dans le « secteur privé de feux ; le second est, au contraire, un « point fort, parce que, se trouvant au centre du front, le « terrain qui le précède est battu par toutes les bouches « à feu de l'enceinte. »

D'abord, tout saillant, quel qu'il soit, est un point d'attaque ; on évite d'en faire sans urgence, mais enfin, lorsqu'on y est obligé, on le défend le mieux possible ; et lorsqu'il est bien placé, ce n'est pas toujours un point faible ; on en use même quelquefois comme d'un appât, pour y attirer les attaques, mais à condition que la perte n'entraîne pas celle du corps de place ; c'était un peu le rôle que jouaient les demi-lunes. Après leur prise et celle de leurs réduits, on se trouve en présence de fronts bien flanqués qui opposent encore une certaine résistance ; il faut porter les attaques sur les saillants des bastions, au lieu que, lorsque la caponnière et ses masses couvrantes ont succombé, les attaques continueront leur direction sur le corps de place, qui est bien malade, abandonné qu'il est de tout flanquement.

Le saillant de la demi-lune n'est que l'avant-garde de celui du bastion, si l'on peut s'exprimer ainsi ; ces deux saillants n'en font qu'un, ou plutôt ils sont soumis à une seule et même attaque ; celui de la masse couvrante de la caponnière

est à lui seul un saillant complet que l'on a d'autant plus d'intérêt à attaquer qu'il est le cœur de la défense, que sa prise
vous livre la place ; aussi faut-il bien le soutenir ; on a soutenu les demi-lunes de la même manière, surtout lorsqu'elles
étaient petites, elles faisant bonne résistance ; cela ne les a
pas empêché de succomber.

Il y a encore une autre manière de démontrer que la caponnière et ses masses couvrantes forment un saillant indépendant ; prenons la figure 6, qui n'est rien autre chose
que le front polygonal amélioré, quoique M. Brialmont ne
veuille pas l'avouer ; si nous chargeons le saillant I de masses
couvrantes, comme la caponnière, il est bien évident que
nous formerons un saillant qui entrera en concurrence avec
les saillants A et F ; il y aura alors trois saillants, et notez
qu'avec la caponnière le saillant I est plus avancé, parce que
les flancs BC et DE sont plus près.

Si vous mettez le saillant I sur la ligne droite AF, il n'y a
plus que deux saillants A et F ; si l'on plaçait des demi-lunes
sur les fronts AI et IF, il en serait encore de même, parce
que les demi-lunes n'augmentent pas le nombre des saillants ; ils forment la première ligne et les saillants des bastions la seconde, mais en même nombre. Il n'est pas possible d'être plus clair.

Passons maintenant du paragraphe 3, cité plus haut, au
paragraphe 4 : « Il est vrai que M. le général Tripier, pour
« soustraire les faces HI et JK (fig. 6), propose de construire
« en capitale du bastion GIK une caponnière haute casema
« tée, mais, pour l'addition de ces ouvrages, le tracé bas
« tionné est transformé en un mauvais tracé polygonal ; nous

« disons *mauvais* : 1° parce qu'une caponnière haute, située
« au milieu du bastion, flanque moins bien le fossé capital
« qu'une caponnière basse dont l'étage casematé est au ni-
« veau du plafond ; et 2° parce que cette caponnière est in-
« suffisante pour préserver de l'enfilade les extrémités des
« faces et surtout les courtines CG et KD. »

Nous ferons observer d'abord que le front que nous pro-
poserions de substituer au front polygonal serait, comme
nous l'avons déjà indiqué, celui de la figure 11 et non pas
celui de la figure 6 ; nous rentrions même encore un peu le
saillant I, dont les courtines sont parallèles au côté du polygone, et les faces légèrement inclinées permettent d'éviter
les embrasures obliques. Avec notre système de merlons-
traverses, on pourrait couvrir les pièces de manière à ce que
cette inclinaison des faces soit à peine sensible pour l'effet
des feux latéraux.

On a déjà fait cette remarque, avec beaucoup de raison,
qu'il y avait intérêt à ce que le côté AF du polygone fût frac-
tionné dans sa longueur, comme l'indique la figure 11, plutôt
que d'être en ligne droite continue ; du reste, tous les
fronts polygonaux ont eux-mêmes maintenant une courtine
centrale, qui a l'avantage de diviser les feux. Nous nous
sommes suffisamment expliqué sur les feux bas de caponnières de M. Brialmont ; nous sommes, avec Montalembert,
le maître de son école, contre lui pour les feux de flanc élevés ; mais alors que deviendrait le front polygonal s'il était de
cet avis ?

M. Brialmont s'appuie beaucoup sur le reproche que l'on
a fait aux flancs d'avoir leurs escarpes promptement dé-

molies par les feux qui enfilent leurs fossés ; on a trop enchéri sur cet inconvénient, qui n'a pas la portée qu'on a voulu lui donner. Nous croyons avoir examiné cette question avec la plus complète impartialité et n'avoir rien dissimulé ; nous n'y reviendrons pas.

On ne saurait trop le répéter, dans l'état de progrès de l'artillerie, qui n'est pas à son dernier mot, l'emploi des gros calibres deviendra plus fréquent dans une certaine limite. Déjà à partir du 30, ils produisent de l'effet sur les terres et les blindages qui ne sont pas solidement établis. Une forte organisation du parapet est maintenant la question importante, tout aussi bien pour les feux de face que pour les feux de flanc, car, pour ceux-ci, une fois le personnel et le matériel de combat garantis des coups d'enfilade et de revers par un bon système de casemates, on a bien moins à craindre les atteintes graves que pour les premiers, qui les reçoivent directement. C'est la raison pour laquelle nous nous sommes attaché à la bonne constitution du parapet. Les coups les plus dangereux sont ceux qui parcourent les terre-pleins et qui atteignent les têtes de casemates ; lorsque l'on a obvié à ces inconvénients, les flancs valent les faces.

A Sébastopol, l'artillerie de la défense a écrasé, dès l'origine du siége, celle de l'attaque, à cause de la supériorité du nombre. Cette dernière avait une telle pénurie de matériel, qu'il lui est arrivé assez souvent de n'avoir pas un boulet à tirer pendant plusieurs jours et qu'elle était obligée d'aller ramasser les boulets russes de 24, les seuls qui allassent à nos calibres. Plus tard, les rôles ont changé ; mais si la défense eût eu une meilleure organisation de parapet pour ses batteries, qui était à peu près la même que celle de l'attaque, sa résistance eût été plus longue. Quant à l'enceinte, il ne faut pas en parler; c'était une enceinte passagère, suivant les contours du terrain.

Pour en revenir au front de la figure 11, nous dirons à M. Brialmont que ce n'est pas la caponnière ou bastion porte-flanc I qui défend le fond du fossé, mais le flanc HG qui est chargé de la défense de près ; les batteries du saillant I voient aussi une partie du fond du fossé, mais leur action est principalement sur les saillants A et F et le terrain en avant; et cette action y est considérable. Quant au flanc HG, il doit être blindé contre les coups de revers, et la grande traverse I complète ce qui lui manque ; il n'y a là rien qui doive étonner.

§§ 5 et 6. « Nous ferons remarquer, au surplus, que le « général Tripier s'occupe seulement du tracé des fronts « (fig. 5 et 6) et qu'il passe très-habilement sous silence le « relief, qui joue cependant un rôle important dans la forti- « fication.

« A ne considérer que le tracé, on peut sans doute soute- « nir que la caponnière GHIJK (fig. 5) est un petit bas- « tion; mais la comparaison cesse d'être vraie lorsque l'on « fait attention au relief de cet ouvrage, qui doit être « réglé de façon à ne pas intercepter les feux de la cour- « tine CD. »

Si M. Brialmont trouve que nous avons gardé le silence sur le relief de la caponnière par habileté, il ne s'en plain- dra plus maintenant; espérons aussi qu'il ne se plaindra pas de nos critiques et qu'il reconnaîtra tout ce qu'elles ont de fondé ; nous serions heureux d'être d'accord avec lui sur ce point comme nous le sommes sur plusieurs autres.

§ 7. « Dans le tracé bastionné, au contraire (fig. 6), le bas-« tion GIK doit être au même niveau que les courtines ; de « sorte qu'on ne pourrait pas réunir les points C et D par une « ligne non ricochable ayant la même action sur le terrain « des attaques que la courtine CD du front polygonal. »

Mais il y a plus, le bastion GIK s'élève au-dessus des courtines et il n'y a aucune nécessité de les réunir pour former la ligne CD : les faces HI, IJ (fig. 11) remplissent tout aussi bien le même objet et elles ont l'avantage de permettre aux flancs GH et JK de prendre toute la hauteur que l'on croit devoir leur donner. Nous avouons que nous ne nous serions jamais attendu à cette objection, qui est une critique complète du tracé polygonal.

§ 8. « Il n'est donc pas vrai que ce dernier soit un com-« posé de deux fronts bastionnés. »

C'est ce que le lecteur est maintenant à même d'apprécier ; quant à nous, le dernier ouvrage de M. Brialmont n'a changé en rien nos premières convictions.

Neuvième année — 1870

REVUE MILITAIRE

FRANÇAISE

RECUEIL MENSUEL

DE TECHNOLOGIE, D'ART ET D'HISTOIRE MILITAIRES

RÉDIGÉ

AVEC LA COLLABORATION D'OFFICIERS FRANÇAIS

E. NOBLET, DIRECTEUR

PRIX DE L'ABONNEMENT

PARIS ET DÉPARTEMENTS

Un an, Paris............ 36 fr.
— Départements.... 40 »

ÉTRANGER

(Le prix de la poste en sus).

Depuis le 1er janvier 1869, la *Revue de Technologie et d'Art militaires* est publiée sous le titre ci-dessus.

Elle est devenue mensuelle et contient douze numéros par année, au lieu de six.

Le **Rapport de la Commission militaire française sur l'Exposition de 1867**, que la *Revue* doit à la bienveillance de S. Exc. M. le Ministre de la guerre, sera continué et terminé dans le cours de l'année 1870.

Paris. — Typographie A. Hennuyer, rue du Boulevard, 7.

www.ingramcontent.com/pod-product-compliance
Ingram Content Group UK Ltd.
Pitfield, Milton Keynes, MK11 3LW, UK
UKHW020029100726
13658UKWH00003B/1195